Andreas Härdter

Jahresgedicht 2014

365 Kurzgedichte zur aktuellen Zeitgeschichte

Buch

Die wichtigsten Ereignisse eines jeden Tages im Jahr 2014 sind hier in gereimter Form wiedergegeben. Es soll auf angenehme Weise und knapp gehalten, mal ernst, mal heiter, der Erinnerung an dieses ereignisreiche Jahr dienen.

Ähnlich wie in den immer beliebter werdenden Fernseh-Jahresrückblicken, die alljährlich über die Bildschirme flimmern, wird es dem Leser erstaunlich oft so ergehen, dass er sich an die Stirn tippt und denkt: „Ach ja, das hatte ich schon fast vergessen!"

Bestimmte persönliche Jahrestage (Geburtstag, Hochzeitstag etc.) lassen sich so leicht mit den nachrichtlich relevanten Ereignissen des Jahres in Beziehung setzen. Oder man lässt einfach Stück für Stück das Jahr in entspannter Atmosphäre in die Erinnerung zurückrufen.

Ein einmaliges Zeitdokument! Und vielleicht bekommen Sie ja Lust, an seiner Fortführung mitzuarbeiten? Dann ermitteln Sie die Top-Nachricht eines noch „freien" Tages (siehe Kalender unter „Mitmachen – Jahresgedichte" auf der Verlags-Homepage www.freigeistiger-verlag.de) und „machen Sie sich darauf selbst einen Reim"!

Autor

Andreas Härdter, Jahrgang 1956, verbrachte die ersten Jahre seiner Kindheit bei Stuttgart und zog dann in die Nähe von Braunschweig. Nach dem Abitur und Berufsausbildungen im sozialen Bereich entdeckte er seine Vorliebe für Fremdsprachen wieder und schloss eine Ausbildung zum Übersetzer an. Immer wieder zog es ihn in die weite Welt hinaus, und er bereiste intensiv fast alle Erdteile.

Nach dem Lyrikband „Jahresgedicht 2002 - 365 Kurzgedichte zur aktuellen Weltgeschichte" -, in dem er die täglichen Topnachrichten des Jahres 2002 mal ernst, mal heiter in Reimform brachte, veröffentlichte er 2007 seinen „Spaziergang nach Rom". In ihm verarbeitete er all die Kuriositäten und witzigen Erlebnisse des langen Fußmarsches von Braunschweig in die Ewige Stadt zu einem humorvollen Werk.

Daran knüpft sein 2013 erschienener satirischer Reisebericht „Die Hanse-Runde – geradelt" an, in dem er seine Erlebnisse bei der Umfahrung der gesamten Ostsee auf dem Fahrrad in ähnlicher, humorvoller Weise beschreibt.

„Der Zeitenzeuge" (2011) ist sein erster Roman. In ihm beschreibt der überzeugte Atheist das fiktive Leben des ursprünglichen Ägypters Semenchkare, der aufgrund einer vererbten Genmutation als extrem langlebiger Mensch die großen Zeiten der Religionsgründungen miterlebt hat und uns heute bezeugen kann, dass sich niemals ein Gott wirklich offenbart hat. Seit 2015 ist dieses Werk auch in altdeutscher Schrift (Sütterlin/Kurrent) erhältlich.

Aus dem ersten Jahresgedicht hat der Autor inzwischen eine Buchreihe unter gleichem Namen gemacht und fügt nach den Bänden für 2012, 2013 und 2014 derzeit auch dem Jahr 2015 täglich eine weitere Nachrichtenstrophe hinzu.

2011 gründete er einen eigenen Verlag mit dem Namen „Freigeistiger Verlag Andreas Härdter". Er ist verheiratet und Vater dreier Kinder.

Bibliografische Information der Deutschen Bibliothek
Die Deutsche Nationalbibliothek verzeichnet diese Publikation
in der deutschen Nationalbibliografie; detaillierte bibliografische
Daten sind im Internet über http://dnb.ddb.de abrufbar.

Andreas Härdter

Jahresgedicht 2014

Vechelde: Freigeistiger Verlag Andreas Härdter

ISBN 978-3-943070-13-2

1. Auflage 2015

© 2015 by Freigeistiger Verlag Andreas Härdter
Peiner Straße 5, 38159 Vechelde
Germany
Alle Rechte vorbehalten.
Produktion und Herstellung: Freigeistiger Verlag Andreas Härdter
Printed in Germany by Amazon Distribution GmbH, Leipzig

Auch als eBook erhältlich: ISBN 978-3-943070-14-9

www.freigeistiger-verlag.de

Andreas Härdter

Jahresgedicht 2014

365 Kurzgedichte
Zur aktuellen Zeitgeschichte

Januar

1. Januar:

Einiges ist immer neu am Anfang eines Jahres:
Auch in Lettland zählt der Euro jetzt als Bares.
Die Rumänen und Bulgaren
Dürfen frei nun auch zur Arbeit nach Europa fahren.
Der Papst verlangt Gerechtigkeit und Frieden
An etwas Neuem muss er wohl noch üben.

2. Januar:

Die EU muss jedes Mitgliedsland mal führen.
Wie es ausgerechnet Griechenland nun macht,
Das werden wir bald spüren.
Die Flüchtlingspolitik wird neu wohl überdacht;
Gegen arbeitslose Jugend dann ein Päckchen schnüren,
Kommt vor der Euro-Wahl auch noch in Betracht.

3. Januar:

Reinhold Pofalla, grad' noch Kanzleramtsminister,
Wandelt sich zum politischen Moralphilister:
Einfluss, noch eben auf des Staates Seite,
Soll er bringen für die Deutsche Bahn in voller Breite.
Dort im Vorstand nun
Soll er die Lobbyarbeit tun.
Die Gegner: Ämterträger sollten erstmal ruh'n!

4. Januar:

Die Maut für Ausländer,
Freizügigkeit der östlich' Nachbarn einzuschränken,
Damit lässt's die CSU noch nicht bewenden.
Jetzt will sie, dass man die E-Wende noch änder':
Auf Pump – so hört man mit Befremden.
Wird dieses Feuer mit der Bayernwahl wohl enden?
Genervt sind nicht nur die andern Länder.

5. Januar:

Mal wieder ist es hierzulande viel zu warm.
Davon kann man in Amerika nur träumen.
Dort herrscht wegen Schnee und Kälte längst Alarm;
Es schneit mehr als man kann räumen.
Vielerorts gibt es Temperaturrekorde
Bis unter minus 50 Grad.
Man soll bleiben an seinem Heimatorte.
So mancher schon erfror im Kältebad.

6. Januar:

Wenn Promis sich auf Schnee begeben,
Geht, scheint's, öfter was daneben.
Es wollte Seibert uns verzwickt erklären,
Dass beim Langlauf Merkel auf den Popo fiel.
So ist nicht nur die dritte Amtszeit grade angebrochen,
Sondern auch der werte Beckenknochen.
Folglich muss man Mutti Schonzeit noch gewähren,
Ehe wieder auf Kritik man ziel'.

7. Januar:

Während in Wildbad Kreuth
Wiedermal die Wildsau schreit
Und in USA Schnee kostenfrei vom Himmel fällt,
Man diesen auch bei Aldi jetzt erhält?
Der Dealer war einem Irrtum wohl erlegen,
Tat er's Kokain doch in des Discounters Bananenkisten legen.
Für 6 Millionen 140 Kilo gleich,
Geschmuggelt aus dem kolumbianisch' Drogenreich.

8. Januar:

Im Strom der nachrichtlichen Fluten
Schafft's Hitzelsperger heute auf Platz eins.
Als schwul sich im Fußball derzeit noch zu outen,
Empfiehlt sich kaum für Stars eines Vereins.
Dies zu ändern, wagte er den mutig' Schritt.
Dass es so noch immer ist, verdient ein wahr's *Igitt*!

9. Januar:

Deutschland hilft, die syrisch' Waffen zu vernichten.
In Munster will man dieses Werk verrichten.
Verbrennen die Chemie bei maximalen Temp'raturen
Und dann beseitigen die letzten Spuren.
So kann Deutschland endlich leisten mehr als finanzielle Stütze
Und kriegt nicht immer nur den Vorwurf auf die Mütze.

10. Januar:

Umfangreich ist der Groko-Vertrag geworden.
Doch eindeutig, wie es scheint, doch nicht.
Täglich tun die neuen Minister überborden,
Doch es fehlt dem Einzelnen an Gewicht.
Frau Schwesig wollt' aus Steuergeldern jetzt
Eltern verkürzt zur Arbeit schicken.
Das hat den Schwarzanteil entsetzt.
Die Idee konnt' sie schon gleich mal knicken.

11. Januar:

Acht Jahre ist es her,
Dass er ins Koma fiel.
Seit heut' lebt er nicht mehr:
Ariel Sharon, eine Seele diffizil.
Den *Bulldozer* hat man ihn genannt.
Geliebt, gehasst in Freund- und Feindesland.

12. Januar:

Die Rebellen sind zerstritten;
In eine Richtung es nicht geht.
Durch Al Qaida und Assad zerschnitten,
Sich um Syrien die Frage dreht.
Eine Friedenskonferenz soll es nun geben
Nach dem Verlust von hundertdreißig Tausend Leben.
Doch Ahmad al Dschorba will vielleicht nicht kommen:
Schon die Initiative bleibt verschwommen.

13. Januar:

Das Kartellamt hat nun zugeschlagen;
Deftig zahlen sollen deutsche Brauereien
Für seit Jahr'n gemachte Sauereien:
Mit Preisabsprachen tat man arg uns Kunden plagen.
Zwar war Becks auch mit in dem Verein,
Doch zahlt die Firma doch nix ein,
Weil sie als Kron(korken)zeuge mithalf, anzuklagen.

14. Januar:

Ich bin der US Geheimdienst
Tolleri tollera toller hoppsassa,
Ich bin der US Geheimdienst
Und mach' mit der Welt,
Was mir so gefällt.

Ich hab' ein Haus,
Ein abhörsich'res Haus
Und einen Präsident',
Der meine Regeln kennt.
Widdewiddewitt juchheirassa,
Und jeder, der uns den Rücken kehrt,
Kriegt unser Einmaleins gelehrt.

15. Januar:

Sexvergnügen ja, doch Kinder? Nein.
Deutschland geh'n die Spezialisten aus.
So hol'n wir die nun aus dem Europahaus.
Heut' kam der Migrationsbericht herein.
Bei Qualifizierten sind wir hoch beliebt,
Weil's bei uns für die noch reichlich Arbeit gibt.
Also können wir doch über Südeuropas Krisen glücklich sein.

16. Januar:

USA – eine Schande für die zivilisierte Welt,
Weil sie Rache über Menschenrechte stellt.
Schon die dritte Hinrichtung in diesem jungen Jahr,
Die erste mit neuem Gifte, ungetestet, grausam gar.
Viertelstünd'ger Todeskampf,
Das Ende dann mit Kehlkopfkrampf.
Der Staatsanwalt besonders zynisch spricht:
Das Recht auf schmerzfreien Tod, das gibt es nicht.
Europa hat den Export des früh'ren Tötungsmittels längst
verboten;
Amerika Komparables noch nicht hat, zu senden seine Bürger zu
den Toten.

17. Januar:

Beim NSA-Skandal
Ist Obama um Begrenzung wohl bemüht.
Um zu lindern das Schandmal
Gibt's bald ein Gericht, das Schlimmeres verhüht'.
Befreundete Regierungschefs
Sind von Spitzleien künftig ausgenommen.
Doch bleibt weiterhin betreffs
Des gemeinen Menschen das meiste unbenommen.
Wer die USA in Echt regiert, wirkt sehr verschwommen.

18. Januar:

Nicht einzig Volker Bouffier war Kandidat in Hessen;
Max Mustermann wollt' sich scheinbar mit ihm messen.
Doch mit nur drei Wahlkarten seines Namens
War der Versuch von vornherein vergebens.
Mustermann erhielt nur eine einzig' Stimme.
Aber dass sein Wähler das nicht merkte, war das wirklich
Schlimme.
Die Wahl, die musst' man wiederholen.
Solche Pannen sind zum Johlen.

19. Januar:

Ungefähr der Faktor Zehn
Macht dem ADAC
Die Zahlen erst so richtig schön.
Bei Beliebtheitswahlen auf dem ersten Platze
Fand sich der VW.
Das Ranking war okay,
Erklärt der Gelbe Engel zu der Wahl.
Bedeutend kleiner sei halt nur die Zahl.

20. Januar:

Seit 10 Jahren schwirrt Rosetta durch das All.
Vor 2 Jahren war sie eingeschlafen.
Jetzt wurd' ihre Gunst erneut erbeten,
Denn sie soll bald auf die Bremse treten.
Im Sommer erreicht sie den Bestimmungshafen –
'nen Kometen.
Der Weckruf hat geklappt – in Darmstadt gab's Beifall.

21. Januar:

Millionenfacher Datenklau!
Fahnder sind jetzt drauf gestoßen.
Für den E-Mail Check: im Internet ein Stau.
Das BSI, das rät entschlossen:
Passwortsicherheit nicht zu verharmlosen.
Schwierig sollt' das Passwort sein
Mit unterschiedlich' Zeichen.
Sonst hackt der Hacker sich bald ein
Und macht sich durch dich schnell zu 'nem Reichen.

22. Januar:

In Kiew eskaliert die Lage.
Erstmals zählt man Tote.
Klitschko legt jetzt alles in die Schal' der Waage,
Wenn Janukowitsch nicht beachtet Volks Gebote.

23. Januar:

Welcher andre Kriminelle hätte so viel Macht?
Jetzt schlägt Uli Hoeneß kalt zurück.
Razzien im Finanzamt, dass es kracht,
Wer sägte ins Finanzgeheimnis diese Lück'?
Wie kam der Betrug nur an die Blätter?
Mich deucht, es folgt ein bayerisch' Donnerwetter!

24. Januar:

Der eig'ne Parkplatz schon besetzt?
Das kann ganz schön wütend machen.
Manchmal hat der Besitzer nichts zu lachen;
Wurd' als Attackierer tödlich einst verletzt.
Die Besetzer hat man freigesprochen;
In Notwehr sei die Tat geschehen.
Des Toten Bruder ließ das so nicht stehen.
Hat beide heut' vorm Landgericht erstochen.

25. Januar:

Dem NDR gab Snowden jetzt ein Interview.
Das erste überhaupt seit seiner Flucht.
Darin - dass die US auch bei der Wirtschaft spionieren tu'.
Das treffe deutsche Firmen voll mit Wucht.
Sein brisantes Material,
Das habe er nicht mehr.
Was darin noch steckt an Potential,
Das gäben Journalisten souverän und peu à peu nun her.

26. Januar:

Janukowitsch hat Regierungsämter angeboten.
Für Klitschko und weit're Oppositionelle.
Tags herrschte Ruhe, man betrauerte die Toten,
Am Abend erobert man Gebäude auf die Schnelle.
Der Protest hat sich indes aufs ganze Land erweitert.
Das Militär verhält sich jetzt neutral,
Darauf reagiert man vielerorts erleichtert.
Der Präsident verliert entscheidend Areal.

27. Januar:

Wieder setzt Tunesien Zeichen,
Wie man auch in Arabien Freiheit kann erreichen.
Die neue Verfassung wurd' in Kraft gesetzt,
Mit der man künftig keines Menschen Rechte mehr verletzt.
Es gibt also doch noch Hoffnung für islamisch' Staaten,
Wenn man alles konsequent verwandelt auch in Taten.

28. Januar:

Der Reichtum der Reichen
Er wächst schamlos auch in Amerika.
Neu stellen will alsbald die Weichen
Präsident Barack Obama.
Auch Mindestlöhne sollen endlich steigen
Auf immer noch recht niedriges Niveau.
In *State of Union* Rede wollt' er damit zeigen,
Wie hoch ist bei der nächsten Wahl der Bürger Risiko.

29. Januar:

Schumi, vor Monatsfrist
In den künstlich' Schlaf gebracht,
Nun wohl so weit genesen ist,
Dass jetzt reduziert' Narkose in die Ader fließt
Und der Superstar ganz langsam dann erwacht.

30. Januar:

Schuldspruch erneut:
Mehr als 28 Jahr'!
Amanda Knox,
Noch im Zeichen dieses Schocks,
Beschwört, dass sie's nicht war!
Doch nicht im florentinisch' Saal;
Zuhause in Seattle ist sie heut'.
Dennoch ist es Qual.
Hexenjagd oder doch die Femme fatale?
Objektiv sind wenig' Leut'.

31. Januar:

In München hat man sich erneut versammelt,
Die Sicherheit der Welt zu diskutier'n.
Gauck mahnt an, dass Deutschland nicht mehr stammelt,
Wenn die Völker an unsre Hilfsbereitschaft appellier'n.
Ausdrücklich hat er dabei auch ans Militär gedacht;
Keiner unterstellt mehr, dass wir missbrauchten unsre Macht.

Februar

1. Februar:

Dimitri Bulatow war misshandelt wieder aufgetaucht.
Eine Woche hatte man den Dissidenten gar vermisst.
Dass ein Abkommen mit Janukowitsch gar nichts taugt,
Erklärt Klitschko, angereister ukrainisch' Aktivist,
Auf der Konferenz, die in München noch zusammen ist.
Sanktionen fordert er vom Westen ein mit Dringlichkeit.
Wenigstens ist Kiew zu Bulatows Ausreise indes bereit.

2. Februar:

In Frankfurt stand ein Uni-Hochhaus;
Zwei-eins – g'sprengt is'.
Da kam ein mächt'ger Knall heraus;
Mancher da erschrocken is'.
Fiel ein dann wie ein Kartenhaus;
Der Meister versteht sein G'schäft gewiss,
Denn nix in der Näh' beschädigt is'.
In Europa nie gesprengt ein größ'res Haus;
An Nine-Eleven erinnert das Bildnis.

3. Februar:

Eine Ikone - deutsche Moralinstanz –
Ertappt wegen Fälschung der Fiskalbilanz.
Auch bei Alice nun im Steuerwunderland
Ein Nummernkonto im Depot sich fand.
Schwarzers Schwarzgeld
Versteckt vor böser deutscher Steuerwelt.
Selbstanzeige – das meiste schon verjährt –
Am besten, wenn die Presse nichts erfährt.
Hat nicht geklappt,
Öffentlichkeit hat sie ertappt.
Frau Schwarzer ist empört,
Findet Kollegenarbeit einfach unerhört.
Zur Strafe noch freiwillige Millionenspende,
In der Hoffnung, dass sich ihr Anseh'n wieder wende.

4. Februar:

Schon Kanzler Schröder wurde abgehört.
Das hätt' ihn früher schon gestört,
Aber heut' hat's ihn nicht mehr so arg empört.
Dass er vor dem Irakkrieg kneife,
Bracht' ihn in die Überwachungsschleife,
So Bush, die Präsidentenpfeife.

5. Februar:

Das Märchenland in Rom
Erhielt in ungewöhnlich scharfem Ton
Heut' von der UN aus Genf Kritik
Ob seiner Kinderpolitik.
Institution und Täter
Stellt Kirche unter Schutz, erst später
Komme dort das Kindeswohl.
So die Warnung an den höchsten Apostol.
Auch andre Rechte hat man gleich geordert:
Verhütung, Abort und freies Homoleben eingefordert.
Das wird der Obermärchenonkel nie erfüllen.
Zur Bewahrung solchen Unrechts sitzt man auf den Heilig'
                                                          Stühlen.

6. Februar:

Kurz vor Sotschi geht die Warnung:
Sprengstoff in der Zahnpasta.
Was Putin schlechter bracht' in Tarnung:
Er inszeniert sich selbst als Superstar.
Teuerste Spiele,
Gefährdetste Spiele,
Sicherste Spiele.
Prestige nur hat der Mann zum Ziele.

7. Februar:

Gigantismus, wie erwartet;
Um Sotschi kommt man heute nicht drum rum.
Die Winterspiele sind gestartet;

Die Kritik blieb derzeit eher stumm.

Mit *Fuck the EU*
Fügt Diplomatin Nuland dem Verhältnis neuen Schaden zu.
Telefonisch an die US-Botschaft in Kiew übersandt,
Abgefangen von Spionen aus dem Russenland;
Victorias hübsches Mündchen vor Erstaunen offenstand.
Unverhofft schlägt Europa so zurück
Als Antwort auf Obamas Possenstück.

8. Februar:

In Spanien ist das Königshaus bedroht.
Nicht durch Terror oder Partei'n von Braun bis Rot,
Sondern durch Infantins Verstöße gegen's Ehrgebot.
In Korruption soll Cristina wohl verwickelt sein.
Das Gericht nahm sie in Augenschein.
Untertanen wedeln mit Entlassungsschein.

9. Februar:

In der Schweiz haben ihre Eidgenossen
In Volksabstimmung heut' beschlossen,
Dass Einwanderung gedrosselt werde
Für Bürger der EU und auch vom Rest der Erde.
Demokratisch bricht man so Verträge;
EU sinnt schon auf Gegenschläge.

10. Februar:

Nicht nur bei der Stimmenzahl hat man gelogen,
Auch im Beliebtheitsrang hat man betrogen.
Der ADAC gerät immer weiter unter Druck.
Heute gab sich Clubchef Meyer nun den Ruck
Und ist zurückgetreten.
Um's gleiche wurd' der ganze Vorstand jetzt gebeten.

11. Februar:

Wer Bescheidenheit predigt,
Muss sie selbst nicht leben.

Diätenerhöhung heut' erledigt;
Soll's doch ruhig nochmal Proteste geben -
In Zukunft steigen *automatisch* die Diäten;
Das Gesetz haben wir jetzt inkraft getreten.
Herzlichst, Eure Abgeordnéten.

12. Februar:

Bisher haben Deutsche nur als Deutsche vor der Knesset mal
                                               gesprochen
Und streng darauf geachtet, dass man kein Tabu gebrochen.
Heute nun stand Martin Schulz vor dem israelisch' Parlament
Und hat verkündet, was *Europa* unter'n Nägeln brennt:
Siedlungspolitik, Blockade, Verteilung von Wasser allzu unegal.
Das gilt in Jerusalem schon als Skandal;
Bennetts Leute verließen zum Protest den Saal.

13. Februar:

Chef des NSU Ausschuss' vor kurzem noch,
Fiel Sebastian Edathy in ein sehr tiefes Loch:
Kinderpornografisches Material habe er besessen,
So lautet der Verdacht.
Hausdurchsuchung wurd' in Loccum schnell gemacht.
Hexenjagd zwei Punkt Null, oder war es angemessen?
Ex-Innenminister Friedrich gab der SPD 'nen Tipp –
Strafvereitelung im Amt – er trete gleich zurück!
So fordern Gelb und Rot.
Am Ende sind politisch beide tot.

14. Februar:

Friedrich ist zurückgetreten.
Ein weinend' Auge sah man bei ihm nicht.
Merkel hatte ihn von Innen in die Landwirtschaft gebeten,
Schon da verlor er deutlich an Gewicht.
Vom Charakter ist er mehr ein Stehaufmann,
Mit dem man sicher nochmal rechnen kann.

15. Februar:

Dino Hamburg steht im Abstiegskampf.
Gegen Schlusslicht Braunschweig auch nur Krampf.
Vier zu zwei dort unterlegen.
Marvijk fliegt, Slomka soll den Club beleben.

16. Februar:

Edathy wird jetzt zur Regierungskrise.
Nun steht Oppermann wohl unter Druck.
CSU meint, das mit Friedrich, das war fies, ey,
Verschwind' auch einer von den Linken noch, ruck-zuck!

17. Februar:

Die Lage entspannt sich langsam nun;
Besetzte Gebäude werden freigegeben.
Die Regierung – opportun -
Hat Gefangenenentlassung kundgegeben.
Klitschko und Jazenjuk in Berlin.
Um Unterstützung bitten beide.
Viel Zeit gewährt die Kanzlerin.
Ukraine braucht Erholung nach dem Leide.

18. Februar:

Heut' gilt nicht mehr, was gestern galt:
Auf dem Majdan schlug um die Stimmung in Gewalt.
Milizen mit Schwergerät nun räumen Barrikaden;
Viele Menschen nehmen Schaden.
Von zwanzig Toten ist bereits die Rede,
Wo Freiheitsdrang und Sucht nach Macht sich kommen ins
                                                    Gehege.

Auch Pussy Riot in Bredouille:
Festgenommen von Miliz-Patrouille,
Weil in Sotschi war'n nicht registriert
Und haben dennoch für Gefang'ne demonstriert.
Hut ab vor diesen Damen,
Deren Mut auch nach der Haft nicht will erlahmen!

19. Februar:

Die Ukraine steht vor'm Bürgerkrieg.
Vor Tagen schien noch so nah der Sieg
Von Klitschko und seinen Oppositionellen.
Jetzt hält man kaum noch die erobert' Stellen.
In Kiew und Lemberg brennen Barrikaden.
Geheimdienstchefs die Macht jetzt haben?
Gegen „Terroristen" geh'n sie selbst mit Terror vor.
Auch Janukowitsch gegen diese schon die Macht verlor?

20. Februar:

Obwohl facebook heut' WhatsApp hat übernommen,
Muss man doch zurück auf Kiew kommen.
Die Gewalt hat dorten deutlich zugenommen
Und Dutzende sind umgekommen.
Europäische Minister sind jetzt angereist
Und beschwören nun den Friedensgeist.
Doch Janukowitsch unverzagt auch die bescheißt.
Das Volk sich weiter gegen ihn zusammenschweißt.

21. Februar:

Und wieder überschlägt sich in Kiew das Geschehen.
Ein Vertrag, bereits mit Unterschrift versehen,
Weckt Hoffnung in der ganzen Welt,
Doch auch Protest, als er auf dem Majdan wurde vorgestellt.
Dann heißt es, Janukowitsch sei geflohen,
Nachdem die Menge die Erstürmung hatte angedrohen,
Falls er bis Samstag, 10 Uhr trete nicht zurück,
Verschaffe das Volk sich selbst sein künftig Glück.
Auch die Milizen wechseln grad die Seite;
Da ist's nicht dumm, wenn der Tyrann nun sucht das Weite.

22. Februar:

Die Ära Janukowitsch ist passée;
Julia Timoschenko aus der Haft entlassen.
Wer zeigt Charisma in dieser Phase,
Jetzt, da er fort ist, den sie hassen?

Im Rollstuhl erscheint die Ikone spät abends am Majdan
Und erfüllt die Menge gleich mit ihrem heißblüt'gen Elan.

23. Februar:

Die Winterolympiade geht zu Ende;
Deutschland hat die Medaillenziele zur Hälfte nur erreicht.
Erwischt dazu noch eine Dopende.
Der olympische Gedanke - weiter ausgebleicht.

24. Februar:

Nach Janukowitsch wird indes gefahndet.
Massenmord wirft man dem Manne vor.
So viel Gewalt noch ungeahndet -
Jetzt steht ihm wohl der Knast bevor.
Das Land steht vor der Pleite;
Timoschenko will zur Behandlung nach Berlin.
Gibt es Verantwortungsbereite,
Die für Unpopuläres halten ihre Köpfe hin?

25. Februar:

Nicht zum Allerbesten
Stand es jüngst mit Deutschland und mit Israel.
Um die Beziehung neu zu fest'gen,
Gab Merkel zu 'nem Ausflug den Befehl
An das gesamte Kabinett.
Aufgenommen fast ja schon mit Liebe -
Beratungen in der Knesset.
Dezent versteckte Seitenhiebe
Zur jüdisch' Siedlungspolitik
Und zur daitsch Boykottkritik.

26. Februar:

Bei Kleinparteien, von rechts bis links,
Herrscht große Freude;
Den Großen eher stinkt's,
Was das BVG bestimmte heute:
Für die Europawahl

Muss die 3-prozent'ge Hürde fallen;
So nur seien die Chancen für alle erst egal.
Die Ohrfeig' an den Bundestag, die hört man schallen.

27. Februar:

Christian Wulff ist glücklich,
Weil seit heute freigesprochen.
Zwar war, was er tat, nicht schicklich,
Doch hat es nicht das Recht gebrochen.
So hat's der Richter festgestellt -
Für die Klage ums Oktoberfest.
Doch was ist mit den andren Fällen um *viel* Geld?
Für die gibt's nun keinen gerichtlich' Test.

28. Februar:

Wer hat da bloß die Krim besetzt?
Der Verdacht geht, Putin hätt' sie aufgehetzt,
Flughäfen und strategisch' Punkte zu erstürmen,
Sowie bewaffnet Barrikaden aufzutürmen.
In Uniformen, doch ohne Landeszeichen.
Auch den russisch' Stützpunkt Truppen immer mehr erreichen.

März

1. März:

Die Ukraine macht mobil.
Die Lage auf der Krim bleibt instabil.
Möglichst gewaltlose Eroberung ist Putins Ziel.
Die Tataren halten sich zurück.
Haben Hilfe aus muslimisch' Ländern schon im Blick?
Man versucht's noch mit diplomatischem Geschick.
G 8 in Sotschi ist vorerst mal abgesagt,
Solang sich Russland in den Imperialismus wagt.
Wahrscheinlich dann lediglich G 7 tagt.

2. März:

In Israel sind's die normalen Bürger leid,
Dass der Staat vom Wehrdienst Orthodoxe ganz pauschal
                                                                           befreit.
Jetzt kommt ein Gesetz, das dieses ändern soll;
Die Gegendemo war heut' eindrucksvoll.
Sie täten mit ihren Gebeten schon genug,
Begründen die Gelockten an der Gesellschaft ihr'n Betrug.

3. März:

In Südafrika hat der Pistorius-Prozess begonnen.
Der beinamputierte Sportlerstar
Erschoss seine Freundin vor einem Jahr.
Hat er sich die Notwehr wirklich ausgesonnen?
Bei einem Schuldspruch droht ihm lebenslang.
Seine Version bisher nicht gerade schlüssig klang.

4. März:

Putin setzt ein Friedenszeichen.
Sein Schutzmotiv: zum Herzerweichen.
Obama setzt auf Isolierung des Rivalen.
Merkel will Wladimirs Gesichtswahrung erreichen
Und schlägt die Entsendung von Beobachtern nun vor
Mit für die russisch' Minderheit besonders off'nem Ohr

Und mit wachem Auge für die angesagten Wahlen.

Eine Studie der EU liefert sehr erschreckend' Zahlen:
In Europa leiden viel zu viele Frauen arge Qualen.
Gewalt in der Gesellschaft und auch Ehe nehmen zu.
Überraschend häufig geben Stalker keine Ruh'.
Weit höher sicher noch die Dunkelziffer .
Frau hofft, dass ein Gesetz bald Hilfe liefer'.

5. März:

Zuckerbrot und Peitsche soll's für beide Seiten geben:
So tat man Putin in den Rang des Friedensnobelpreiskandidaten
    heben.
Oder man verhängt über Russland die Sanktion,
Falls scheitern sollte die direkte Konsultation
Mit dem Nachbarn in Südwest,
Dem ein Milliardenfonds versprochen ist
Oder den alsbald die Staatsverschuldung frisst.

6. März:

Gauck ist auf Staatsbesuch in Griechenland,
Um die Menschen für erfahr'nes Krisenleid zu loben.
Dort man aber nicht nur freundlich' Worte für ihn fand,
Sondern hat die Forderung nach Entschädigung schnell
    eingeschoben,
Welche Deutschland für Kriegesgräuel habe noch zu leisten.
Zur Forderung von Hunderten Milliarden Euro tat man sich
    erdreisten.

7. März:

Noch einmal wollte Putin menschlich glänzen
Als Herr der Paralympic-Spiele.
Wundersames tat er zur Eröffnung uns kredenzen;
Doch von den Exzellenzen
Kamen nicht grad' viele.
Aus Ukraina reiste *ein* Athlet nur an;
Alle andern protestieren gegen den verhassten Kremlmann.

8. März:

In Ostasien wird eine Boeing seit Stunden schon vermisst.
Von Kuala Lumpur nach Beijing sie nachts gestartet ist.
Spurlos von den Schirmen längst verschwunden,
Hat bislang man Öl im Meer nur aufgefunden.
Zwei Passagiere mit gestohl'nen Pässen
Sind erklärt verdächtig unterdessen.

9. März:

Noch immer gibt Flug MH 370 große Rätsel auf.
Wo, warum ist er ins Meer gestürzt?
Wie's scheint, gab's Änderung im Flugverlauf;
Terrorverdacht wurd' weiter wohl gestützt.
Vom Wrack fehlt noch immer jede Spur;
Sichtverdacht war Trugschluss nur.

10. März:

Uli Hoeneß steht seit heute vor Gericht.
Er selbst beginnt mit Paukenschlagbericht:
Statt der angeklagten dreieinhalb Millionen
Gesteht er fünfzehn weit're, ohne sich zu schonen,
Und von denen keiner vorher etwas wusst'.
Gespannt ist man, mit wie viel Jahren er nun dafür bußt.

11. März:

Im Fall Hoeneß ist die Überraschung noch nicht zuende;
Eine Finanzbeamtin bracht' als Zeugin eine neue Wende:
Zu den 18 Millionen von gestern die Hälfte nochmal dazu,
Erst dann wird aus Ulis Steuerschuld ein Schuh.
Der Bayernboss konnt' am Abend nochmal frei ein
                                            Championsspiel erleben;
Die nächsten sieht er dann wohl nur hinter dicken Eisenstreben.

12. März:

Noch immer bleibt MH 370 ohne Spur verschwunden.
Per Satellit hätt' man Wrackteile gefunden,
Machte heut' die Runden.
Doch entpuppt sich das als unhaltbar;
Man meint, dass es auch kein Terror war.
Der Co-Pilot war früher schon mal sonderbar,
Berichteten der Airline Kunden.

13. März:

Bayerns Seelen sind empört,
Weil sie das Urteil gegen Hoeneß stört.
Dreieinhalb Jahre brutto muss er in den Knast;
Das ist der Beschluss, den das Gericht gefasst.
Zuletzt ging's um achtundzwanzig Komma fünf Millionen.
Da sollt' man niemand mehr vom Kuschelknast verschonen.

14. März:

Gehen Sie in das Gefängnis!
Ergeben Sie sich Ihrem Los,
Zahlen Sie 40 Millionen Euro ein!
Nach Hoeneß' Urteilsempfängnis
Gab der sich 'nen Stoß
Und beschloss, mutig wie ein Mann zu sein.

15. März:

Entwickelt sich die Krim für Putin noch zum Eigentor?
Oder gibt es doch den gefürchtet' Domino-Effekt?
Zehntausende gingen heut' in Moskau gegen Wladimir vor,
Meinungs-, Pressefreiheit, Internet hatt' er glatt hinweggefegt!
Wird ein Majdan auch in Moskau denkbar sein?
Oder steigt sein Anseh'n, wenn er Russen samt Bewohnerland
holt heim?

16. März:

Heute gab's das Referendum auf der Krim,
Darüber, ob das Volk sich wende nun zu Russland hin.
95 von Einhundert waren wohl dafür.
Des Westens Nerven strapaziert weit über jed' Gebühr.
Sanktionen in Stufen sind schon längst beschlossen;
Putins Isolierung wurd' jetzt in Gesetz gegossen.

17. März:

Auch in Serbien waren Wahlen.
Konservativer Fortschritt darf das Land allein regieren;
Vučič hatte allen Grund zum Strahlen.
Nach Europa will er Belgrad dirigieren.

18. März:

Schon ist die Krim von Russland annektiert;
Der Bruch des Völkerrechtes per Vertrag vollzogen.
Putin, völlig ungeniert,
Dafür wohl auch hätte Krieg riskiert.
Macht wirkt bei ihm wie Drogen.
Was geschieht nun mit Ukraines Osten?
Verschiebt er auch noch dort der Grenze Pfosten?

19. März:

Putin lässt weiter Fakten schaffen.
"Friedlich" werden ukrainische Kasernen jetzt erstürmt.
Das Geleit scheint frei und ohne Waffen
Für den, der bleibt, und den, der in seine Heimat türmt.
Kiew ist aus der GUS heut' ausgetreten;
Ein Visum braucht jetzt, wer vom Russenland reist ein.
Um Unterstützung aus dem Westen wird gebeten;
Europas Reaktion werden weitere Sanktionen sein.

Flug MH 370 wird immer weiter zum Mysterium.
Die ganze östlich' Welt sucht nach dem Flieger.
Doch niemand weiß, wo der Entführer vermutet' sein Elysium;
Täglich gehen neue falsche Spuren nieder.

China sucht auf eigenem Gebiet,
Über den Malediven wurde es vielleicht gesichtet.
Jetzt bei Australien ein Satellit
Das Augenmerk auf Trümmerteile richtet.

20. März:

Der NSA-U-Ausschuss ist eingerichtet.
Man hofft, dass nun in Bälde wird belichtet,
Was GB und USA bei uns so haben angerichtet.
Auch Snowden wird dazu dann wohl geladen,
Doch will der natürlich Garantien haben,
Dass wir ihm keine Grube graben.

21. März:

Die Kritik, die wurde Erdogan nun gar zu viel,
Deshalb war das Verbot von Twitter heut' sein Ziel.
Doch technisch auf der Höh' ist er noch lange nicht;
Der Bürger holt sich halt über'n Umweg den Bericht,
Wie sein Präsident so steuert das Gericht,
Das darüber urteilt, ob sein Clan besticht.

22. März:

Ist Putins Raffsucht schon befriedigt?
Oder raubt er für die Krim 'nen Korridor?
Wieder ein Referendum nun verteidigt
Die Position eines ostukrainisch-russisch' Petitor?
Steinmeier nach Kiew und Donezk heut' reiste,
Zu sehen, was Jazenjuk dort an Sicherheit so leiste.

23. März:

In Frankreich wählt man heute kommunal.
Ein Test für Hollande, deshalb nicht ganz egal.
Arbeitslosigkeit und schlechte Wirtschaftszahl;
Die Chance für Marie LePens Front National.
Extrem-Erfolg von Rechts heißt der Affront total.

24. März:

Der Geisterflug gilt jetzt auch offiziell als abgestürzt.
Satellitendaten haben die Vermutung unterstützt.
Trümmerteile sind noch immer nicht gefunden,
Doch scheint alle Hoffnung nun entschwunden.
Über Verlust von Sauerstoff wird jetzo spekuliert,
Und dass die Maschine ganz allein sich zur Absturzstelle habe
                                                              dirigiert.

25. März:

Welchen Rekord konnten die Bayern jetzt noch brechen?
Nur den, frühester Meister während der Saison zu sein.
Dies Ereignis trat heut' ein.
Kann man da von Wettbewerb noch sprechen?

26. März:

Des Papstes Mühlen mahlen langsam;
Ganz so, wie bei seinem Boss.
Doch so wirkt es göttlicher bedeutsam,
Wenn er holt van Elst von seinem hohen Ross.

Der Bischof darf nach Limburg nicht zurück;
Seinem Wirken fehle es an *Fruchtbarkeit*.
Die Bürger empfinden das als Glück.
Jetzt genießt ein Andrer all die Herrlichkeit.

27. März:

Mülltonnen bleiben voll,
Die Busse leer.
Die Forderungen klingen toll;
Der Öffentliche Dienst will mehr.
Hundert Euro monatlich
Plus drei Komma fünf Prozent.
Betroff'ne finden's nicht gerade untadlig,
Wenn durch Streiks was unter'n Nägeln brennt.

28. März:

Xi Jinping, Chef im Reich der Mitte,
Ist bei Merkel in Berlin.
Von ihr, natürlich nur auf Drängen, die zaghaft' Bitte,
Er wirke auf mehr Menschenrechte hin.
Deutlicher wurde da schon Gauck beim Mittagessen
Mit Forderung nach Freiheit für die Menschen und auch Pressen.
Doch klar bleibt Wirtschaft
Hauptmotiv für diese *Freundschaft*
Zwischen Peking und Berlin.

29. März:

Vitali Klitschko verzichtet auf seine Kandidatur;
Pjotr Poroschenko soll es machen.
Ein Oligarch erneut, resistent gegen neue Diktatur?
Auf dem Majdan wird man drüber wachen.
Timoschenko zeigte zuviel Russenhass,
Will Kandidatin aber bleiben.
Für die Einheit scheint sie nicht das rechte Ass;
Käme sie, würden sich die Völker wieder reiben.

30. März:

Was gehen uns Kommunalwahlen bei den Türken an?
Na, zu sehen, was Betrug, Gewalt und Unfreiheit bewirken
kann!
Nach Twitter, YouTube, am liebsten gleich das ganze Internet
Erdogan vor der Wahl noch gern verboten hätt'
Zur Verschleierung von seiner Sippschaft Korruption.
Dass sich das lohnt, das sieht man schon.

Da hat es Frankreichs Hollande schon schwerer;
Verläuft die Kommunalwahl dort doch hehrer.
Die Franzosen sind vom Präsidenten recht enttäuscht,
Doch missbraucht der auch nicht Macht, mich deucht.

31. März:

Der Klimawandel ist kaum mehr aufzuhalten,
Selbst wenn wir bei allen Verschmutzern auf den Ausknopf
                                                                    schalten..
Millionen Menschen werden sterben,
Anstatt von uns 'ne saubre Welt zu erben.
Klimaforscher stellen das heut' wieder in den Raum;
Wachstum hier vernichtet anderswo den Überlebenstraum.
Berechtigt wird man uns den Vorwurf machen,
Dass wir, ohne was zu tun, nur halben Herzens drüber sprachen.

April

1. April:

Verdi, Bund und Länder sind sich einig:
Die Gehälter steigen.
Dagegen die Piloten bockbeinig:
Lufthansa-Flüge nicht mehr steigen.
Noch mehr Geld und Rentenplan erhalten,
Um dieser Dinge zeigen *sie* jetzt Streikverhalten.

2. April:

Der deutsche Luftverkehr ist weitestgehend lahmgelegt,
Solange "Cockpit" bis Freitag nun sein Streikrecht pflegt.
Piloten woll'n den Status Quo beim Ruhestand,
Der sicherte den höchsten Wohlesstand.
Dazu noch 10 Prozent zum Gehalte obendrauf;
Wenn nicht, steigt keine Maschin' mehr auf.
Der Fluggast zeigt da nur wenig Solidarität,
Kommt er durch ständ'ge Branchenstreiks doch öfter mal zu
                                                                                             spät.

3. April:

Der Rentenstreit bleibt sicher.
Nahles' Reformpaket nahm man heute durch.
Da fragt sich der Analytiker:
Wer profitiert, wer zahlt?
Quer durch's Volk zieht sich die Furch'.
Andrea "Pippi Langstrumpf " strahlt.

4. April:

Noch immer herrscht Gefahr im Hindukusch;
Vor allem vor den Präsidentschaftswahlen.
Ein Polizist, getarnter Taliban (?) im Blutesrausch
Erhöhte heut' die Opferzahlen.
Anja Niedringhaus, Fotografin, wurd' von ihm erschossen.
Selbst bei der Polizei ist man nicht sicher vor den
                                                                                            Mordgenossen.

5. April:

Ganz mit rechten Dingen zu gingen diese Wahlen nicht,
Doch sieht man für asiatische Verhältnisse schon Licht.
Zu den Urnen gingen heute unerschrockene Afghanen
Trotz Einschüchterungen durch die bösen Talibanen.

6. April:

Aus für "Wetten dass?"
Nach 33 Jahren Wettenspaß.
Frank Elsner kann' s nicht fassen,
Dass sie den Lanz nicht länger moderieren lassen,
Sondern ihn samt Sendung schassen.

7. April:

Ungarn ist weiter auf dem Weg nach rechts.
Macht Orban mit zwei Dritteln weiter?
Wer nicht für ihn ist, dem droht was Schlechts.
Wär' da nicht vielleicht EU-Ausschluss gescheiter?
Die Medien unter des Regierungschefs Kontrolle,
Alle Macht in einer Hand.
Wenn er damit macht, was er so wolle,
Fährt er Europa an die Wand.

8. April:

Die Vorratsdatenspeicherung ist jetzt passée,
Weil das EuGH in Luxemburg sie heut' kippté.
Der Bürger soll pauschal sich überwacht nicht fühlen,
Weil Sammelwüt'ge unermüdlich in seinen Lebensdaten wühlen.
Ein Großerfolg für Datenschützer
Und für uns alle Netzbenützer.

9. April:

Kaum ist der U-Ausschuss zur NSA-Affäre zusammengetreten,
Hat sein Vorsitzender um seinen Rücktritt schon gebeten.
Clemens Binninger, Polizeichef einst, so heißt der Mann,

Dem auf Druck von oben wohl das Vertrauen im Gremium
                                                                               entrann.
Es ging um Edward Snowden als umstritt'nem Zeugen.
Es geht der Verdacht, er tat sich dem Argwohn der Frau Merkel
                                                                               beugen.

10. April:

Zaghaft kehrt das Pflänzchen Griechenland zurück.
Ausgegeben hat's heut' ein erstes Anleihenstück.
Drei Milliarden kann sich Europas Wirtschaft dadurch borgen;
Ein erster Schritt aus den immer noch so großen Sorgen.

11. April:

Die Notbremse der Bundesrat heut' zog:
Es geht um den gentechnisch verändert' Mais,
Den Brüssel als zuzulassen neulich doch erwog.
Wie der Rat empfiehlt, so sei's
Am schlausten, wenn jedes Land selbst entscheidet über
Erlaubnis und Verbot.

12. April:

In Berlin waren die Hebammen auf den Straßen,
Weil sie sich die Versicherungsbedingungen nicht gefallen
                                                                               lassen.
Die Prämien treiben die meisten in Ruin.
Nimmt die Kinderlosgesellschaft das denn wirklich auch noch
                                                                               hin?

13. April:

Ein Weltkulturerbe in Gefahr:
Valparaiso, Chile, brennt.
Fünfhundert Häuser steh'n in Flammen gar;
Der Bewohner um sein Leben rennt.
Vom Müllberg vor der Stadt
Sich das Flammenmeer entwickelt hat.

14. April:

Beim Deutschen Zentrum für Luft- und Raumfahrt wird böse
                                                                                   spioniert.
Trojaner in den Rechnern.
Dahinter stecke China, so man heute spekuliert.
Der Bundesanwalt ist jetzt der Chef bei den Ermittlern.

15. April:

Pro-russische Separatisten schufen in den letzten Tagen Fakten;
Besetzten strategische Gebäude, drohten der Bevölkerung.
Damit sie nun die Geduld der westlichen Ukrainer knackten;
Diese jetzt bewaffnet Rückgabe der Häuser ausbedung.
Mit großer Vorsicht geht Kiew dort zu Werk;
Ist es gegen Russland doch nur ein kleiner Zwerg.

16. April:

Die Rettung hätt' gelingen können,
Wär' von Geschulten sie betrieben.
Nur um Panik einzudämmen,
Wollte man, dass Passagiere in Kabinen blieben.
Doch die Fähre vor Südkoreas Küsten
Sank dann doch sehr schnell.
Dreihundert Schüler wahrscheinlich mit dem Leben büsten,
Dass Rettungsboote viel zu langsam war'n zur Stell.

17. April:

Gibt es noch Hoffnung für die Ukraine?
In Genf kamen Außenminister heut' zusammen.
Sie zogen an der Rettungsleine;
Zu einer Übereinkunft sie zu später Stunde kamen.
Waffen soll auf beiden Seiten man nun strecken;
Bereitschaft dazu konnt' man bislang noch nicht entdecken.

18. April:

Die Umsetzung des Friedensplanes stockt.
Separatisten im Osten

Rücken ab von ihren Posten
Nur, wenn man auch im Westen
Die Finger nimmt von Plätzen, Verwaltung und Palästen.
Und Putin? - Der bockt und lockt.

19. April:

Über Europas jüngsten Konflikt
Wurde Syrien fast schon in Vergessenheit geschickt.
Doch setzt sich das Morden dorten ungehindert weiter fort.
Entführte Journalisten verließen heute den gefährlich' Ort.
Unterdessen soll Assad mit Chlor vergiften
Jene, welche gegen ihn die Leut' anstiften.

20. April:

Tote am Checkpoint der Rebellen.
Inszenierung der prorussischen Milizen?
Schnell an Putin Hilferufe schwellen,
Wenn's Ukrainer scheinbar treiben auf die Spitzen.
Wer Russen bei religiöser österlicher Handlung stört,
Die bewaffnet' Gegenwehr doch selbst beschwört!

21. April:

In Bentiu, im Südsudan,
Wird von einem Massaker berichtet.
Die Rebellen trieben ihre Leute an,
Dass man einen andren Volksstamm grausam richtet.
Tausende suchen bei den UN-Soldaten Schutz.
Doch sind die zu wenig, um zu bieten wirksam Trutz.

22. April:

Obama hatte alle Gewalten in seiner Hand,
Wenn er die tödlich' Drohnen sandte ab in Feindesland.
Jetzt muss ihr Einsatz offenliegen,
Wenn man sie verschickt, selbst in Kriegen.
So entschied jedenfalls ein US-Gericht.
Hintergrund ist von eines Landsmanns Tötung der Bericht.

23. April:

Amerika schickt erste Truppen
In Russlands NATO-Nachbarländer.
Sollen sich als Warnung dort entpuppen,
Dass Putin ja nicht weiter überschreite Russlands Ränder.
Das Muskelspiel bleibt auf die Ukraine so begrenzt.
Dort wird dem Zaren Sanktion der Wirtschaft nur kredenzt.

24. April:

Formel-1-Chef Bernie Ecclestone steht in München vor Gericht.
"Ich bin zuversichtlich, die Sonne scheint!"
Wie aber fallen die 45 Millionen strafrechtlich ins Gewicht,
Die er als "Bestechungsgelder" so verneint?
Die Anklageschrift muss er als Laudatio wohl verstehen.
Warum sollt' man dafür 10 Jahre ins Gefängnis gehen?

25. April:

Die prorussischen Milizen
Hören nicht auf, die Welt zu triezen.
Jetzt nahmen sie OSZE-Beobachter als Geiseln,
Um den Druck auf Russland aufzumeißeln.
Auch vier Deutsche sind dabei.
Jazenjuk spricht schon von Weltkrieg Drei.

26. April:

Lübecks Flughafen ist länger schon defizitär;
Da kam zur Rettung ein Scheich daher
Und kaufte ihn ganz billig ein;
Doch wie's aussieht, nur zum Schein.
Jetzt ist er wieder verschwunden,
Und die Stadt erneut an seine Pleit' gebunden.

27. April:

Franziskus hatt' heut' Wichtiges zu tun:
Heiligsprechen die, die in seinem Keller ruh'n.
Der Papst, den man nannte einst den Eiligen,

Zählt seit heute zu den Heiligen.
Und zum Eifersuchtsvermeiden
Soll auch Johannes 23 Unheiligkeit nicht länger leiden.
Auch der alte Papst schaut schon mal rein,
Wie's bei seiner eignen Heiligsprechung wird wohl sein.
Ein Wunder hat er ja schon vollbracht,
Indem er gegen seinen Gott gewann die Amtesschlacht.
Wie nützlich doch der Männerstaat in Weibsgewändern!
Wenn sich einer dort bewegt, sieht man's live in beinah allen
                                                          Ländern.

28. April:

Im Guinness-Buch wird wohl bald stehen:
Meiste Todesurteile nach nur 2-tägiger Verhandlung.
Um Minja in Ägypten wird es dabei gehen.
Rechtsstaat in merkwürdiger Anwandlung:
683 Moslembrüder sind betroffen.
Die Welt antwortet mit empörten Worten und mit schroffen.

29. April:

Hat Putin in der Ukraine die Fäden denn noch in der Hand?
Oder drängt Ponomarjov, der Irre, ihn dort schon an die Wand?
Es scheint, der entledigt sich als Diktator des Rivalen;
Will die russisch' Ostukraine für sich wohl selbst umwallen.
Altkanzler Schröder unterdess' den Kumpel Putin heut' umarmte;
Er bewies damit, dass er an politisch' Feingefühl bereits
                                                          verarmte.

30. April:

Snowden darf nach Deutschland wohl nicht kommen.
Das entschied die Kanzlerin heut' knapp.
Die Entscheidung, die kam weniger besonnen;
Überraschte selbst den CDU-Anteil vom Affären-Arbeitsstab.

Mai

1. Mai:

Gerry Adams, Kopf der irischen Sinn Fein,
Geriet jetzt unter Mordverdacht:
Jean McConville soll *sein* Opfer gewesen sein.
Er selber hält's für Hetzes Jagd.
40 Jahre liegt die Tat nunmehr zurück.
Belastet hat ihn Freund Hughe's veröffentlichtes Tonbandstück.

2. Mai:

Afghanistan kommt ohnehin fast nie zur Ruh';
Jetzt kam ein Erdrutsch noch dazu:
Hobo Barik wurde durch Schlamm komplett verschüttet;
Durch Regenfälle ausgelöst
Hatte sich ein Berg durchs Dorf gewütet.
Tausende vermisst, Hunderte getötet;
Das Land an seine Grenzen stößt.

3. Mai:

Die Inspektoren von Slawiansk sind wieder frei;
Putins Einfluss war wohl doch nicht so gering dabei.
Jetzt dankt man dem, der's Unglück angezettelt,
Ähnlich wie ein Christ bei seinem Gotte bettelt.

4. Mai:

Ist die EU für Freiheit noch Garant?
Scheinbar nicht in jedem Mitgliedsland.
So ist in Bulgarien die Pressefreiheit arg beschnitten,
Was die Verantwortlichen, klar, gern vehement bestritten.

5. Mai:

Die Sekte *Boko Haram*:
Neuer Höhepunkt von Wahn
Im Islam.
In Nigeria täglich Hass und Gewalt geschürt;

Das hatte kaum die Welt gerührt.
Jetzt haben sie 200 Schulmädchen entführt.
Denen droht Verkauf auf dem Sklavenmarkt.
Vernunft? Die starb längst an Herzinfarkt!

6. Mai:

Cornelius Gurlitt ist verstorben.
Wir erinnern uns:
Der alte Mann mit der tausendfachen Beutekunst.
Wer wohl ist zum Erben nun geworden?
Welcher Bund profitiert von seiner Gunst?
Einen Pakt hat er noch unterschrieben:
Dass die Betrog'nen ihre Bilder wiederkriegen.

7. Mai:

Zum Aufruf, das Referendum zu verschieben,
Fühlte sich Putin heut' getrieben.
Taktisches Manöver nur,
Oder dreht er auf die Rückfahrspur?
Die Einen können ihm nicht trauen,
Während die Andern den Weg zum Frieden darauf bauen.
Die Separatisten in der Ostukraine
Wollen jetzt beraten, was die Mehrheit dazu meine.

8. Mai:

Am Jahrestage deutscher Kapitulation
Wächst im Osten die Konfrontation.
Prorussische Aktivisten sind dabei geblieben;
Wollen das Referendum nun nicht mehr verschieben.
Die aktuelle Frage ist:
War das von Anfang Putins List?
Was, wenn Sonntag die Leut' nach Russland gieren?
Wird er in die Ukraine einmarschieren?

9. Mai:

Berlusconi ist seit heut' im Altenheim.
Zur geist'gen Pflege sollt man meinen; aber nein!
Muss sich selber um Demente kümmern;
Wird er deren Lage auch verschlimmern,
Wie er's mit dem italienisch' Staate tat?
Für wen ist's Strafe?, ist die Frag'.

10. Mai:

Letzte Hoffnung schwand in Hoffenheim:
Braunschweig wird wieder in der 2. Liga sein.
Auch Nürnberg riss der letzte Spieltag mit hinab;
Schalke kickte Clubber endgültig nun ins Grab.
Nur Dino Hamburg wurde vorerst noch verschont;
Relegation heißt dort jetzt neue Hoffnungsfront.
Doch viel schlimmer abends noch der ESC:
Sieger *Wurst* tut Seel' und Augen weh!

11. Mai:

Das Referendum ist heut' klar das Thema:
In Ukraines Osten, nach dem krimschen Schema.
Gläserne Urnen, Zettelfalten ungebeten,
Alles, um die Gegner auszujäten.
Mehrheit überwältigend - so die Russen.
Eine Farce - so kommentiert man es von außen.

12. Mai:

Die Separatisten wollen Fakten schaffen.
Für Donezk und Lugansk gelte Unabhängigkeit.
Kiew greift dort weiter zu den Waffen;
Die Stimmung scheint erweitert kriegsbereit.
Putin zögert mit der Anerkennung;
Ist nicht ohne Vorbehalt für die ukrainisch'-russisch
                                    Staatentrennung.

13. Mai:

Der EuGH hat heut' bestimmt,
Dass es dem Bürger gegen Google nun gelingt,
Dass Links auf ihn auf Antrag werden ausgedünnt.
Wenn sich einer also selber sucht
Und dabei was Altes find', das er heut' verflucht,
Wird's aus dem Netz in Zukunft ausgebucht.
Dieses Recht auf Vergessenwerden
Schützt davor, öffentlich sich abzuwerten.

14. Mai:

Shit happens, so sinngemäß der Kommentar,
Den Erdogan in Soma heute von sich gab.
Das ist für viele nicht mehr hinnehmbar,
Angesichts der Toten in des Bergwerks Massengrab.

15. Mai:

Die Zahl der Toten steigt stetig an,
Ebenso die Proteste gegen Erdogan.
Bis 400 Opfer könnten es wohl werden
Wegen übler Sicherheiten unter türkisch' Erden.
Profite, so wirft man dem Staatschef vor,
Seien ihm wichtiger als Arbeitsschutz im Montansektor.

16. Mai:

Für missbrauchte Frauen war es fürwahr kein guter Tag:
Parlamentswahlen in Indien.
Narendra Modi mit eindeut'gem Amtsauftrag
Wird dem Chauvinismus wohl kaum kündigen.

17. Mai:

Aus Patagonien ist bekannt geworden,
Dass ein Saurier wurd' geborgen,
Der mit 40 Metern der größte dieser Welt könnt' sein;
So viel wie 14 Elefanten wog er wahrscheinlich ganz allein.
Er war ein genüsslich' Pflanzenfresser.

Ohne ihn ging's dem Pflanzenreich dort unten heute sicher
                                                    besser.

18. Mai:

Auf dem Balkan stehen weite Teile unter Wasser.
Menschen der Verzweiflung nah!
Auch um Belgrad wird es immer nasser.
Und es droht noch weitere Gefahr:
Minen, angeschwemmt aus dem Krieg um Bosnia.

19. Mai:

Koalitionäre kompromissbereit:
Fürält're Mütter gibt's den Rentenpunkt.
Früher in die Rente? Ist jetzt auch soweit!
Begrenzung verhindert Arbeitnehmerschwund.
45 Beitragsjahre inklusive Arbeitslosigkeit,
Außer den zwei letzten Jahren; das klingt endlich mal gescheit!

20. Mai:

In Thailand wurd' das Kriegsrecht heut' verhängt;
Der General das Land so zur Demokratie hin lenkt.
Das gibt Chan-Ocha zumindest vor,
Doch hat er für den Konflikt ein wirklich off'nes Ohr?
Wer Fernsehsender einfach schließt,
Eher beide Seiten des Konflikts verdrießt.

21. Mai:

Putin sorgt gegen Sanktionen schon mal vor:
In China findet er jetzt ein off'nes Ohr:
Gas will er dem Reich der Mitte schicken,
Ehe westlich' Märkte für ihn einknicken.
China lacht;
Wir verlier'n an Macht.

22. Mai:

Die Europawahl hat schon begonnen,
In Holland und auch auf der Insel.
Rechtspopulistenträume sind vielleicht zerronnen;
Weiter malt sich' s Land mit buntem Pinsel?

Deutschland ist bei Immigranten sehr beliebt;
Die Union wacht, dass es keinen Missbrauch gibt.
Gauck fördert Einwanderung heut' sehr;
Sieht in Vielfalt das wahre deutsch' Begehr.

23. Mai:

Das Grundgesetz wird 65 heute,
Doch in Rente woll'n wir's noch lang nicht schicken.
Beschlossen haben's wirklich kluge Leute.
Dass es gut ist, dazu muss man auch jetzt noch nicken.

24. Mai:

Ungeachtet deutscher Warnung
Macht Erdogan nun Wahlkampf auch in Köln.
Besuch der Landsleut' nutzt er nur zur Tarnung;
Er will Gegner seiner Feinde gegen diese aufstacheln.
Bald sind Wahlen dort im Türkenland.
Mobilisieren muss er Wähler, denen als ein Guter er weiter
　　　　　　　　　　　　　　　　　　　scheint bekannt.

25. Mai:

Europa hat gewählt.
Zwar sind noch nicht alle Stimmen ausgezählt,
Doch zeigt sich insgesamt der Trend,
Dass Rechts verstärkt ins Parlament jetzt drängt.
Setzen die Feinde der kontinentalen Einigung
Nun von innen an zu deren Steinigung?
Derweil ist für die Präsidentschaft noch nicht klar entschieden,
Welche Posten Schulz und Juncker künftig kriegen.

26. Mai:

Es gab nicht nur Wahlen zum Europäischen Parlament;
Auch in der Ukraine ging man wählen.
Demokratie steht dort noch nicht auf festem Fundament;
Separatisten Demokraten quälen.
Ein Oligarch ist jetzo Präsident.
Wenn er doch nur den Weg zum Frieden fänd!

27. Mai:

Während Schulz und Juncker sich um Posten streiten,
Marine Le Pen und Farage das Ende der EU schon vorbereiten.
Beide woll'n die Gemeinschaft, so schnell es geht, verlassen;
Schon hat Hollande seine Panik daraus erkennen lassen.
70 Jahre Frieden, durch Europawahl nun in Gefahr?
Noch gibt es breite Mehrheit *pro unione* für fünf Jahr'!

28. Mai:

Nach 6 Jahren startete erstmals ein Deutscher wieder in das All.
Alexander Gerst bleibt ein halbes Jahr auf Raumstation.
Rund' um Runde dreht er fortan um den Erdenball
Im einzig' irdisch' Gefährt globalen Friedens und weltweiter
                              Kooperation.

29. Mai:

Nasarbajew, Lukaschenko und Putin
Riefen heut' die Eurasische Union ins Leben.
Sie soll der EU nun Kontra geben.
Vieles aus ihr findet man kopiert darin.
Nur leider nicht die Demokratie.
Klar, denn nur mit reichlich Autokratie
Kommt man so schnell dahin.

30. Mai:

Menschen für Menschen war sein Lebenswerk.
In Äthiopien er damit so vielen Hoffnung gab.
Unvergessen sein *Wetten Dass* Vermerk,

Mit dem er begründete den Hilfestab.
Karl-Heinz Böhm ist nun verstorben.
Was er gestern pflanzte, blühet auch noch übermorgen.

31. Mai:

Polizeigewalt, Proteste heut' in Istanbul:
Jahrestag des Aufstands vom Taksim.
Sitzt Erdogan auf einem wacklig' Stuhl?
So richtig deutet darauf wenig hin.
Non-Demokrat, islamistisch infiziert.
Die Türkei wird so kaum je in die EU geführt.

<u>Juni</u>

1. Juni:

Steinmeier ist zu Gesprächen in Katar,
Die Arbeitsbedingung dorten zu verbessern.
Mancher Schmutz verbirgt sich unter Scheichs Talar;
Sklavendienste nennt man's gar.
Auch die FIFA beugt sich den Erpressern;
Schmiergeld bleibt bei Blatter selten rar.

2. Juni:

Uli Hoeneß sitzt seit heut' im Knast
Und Juan Carlos hat jetzt den Entschluss gefasst,
Als Spaniens König abzudanken;
Der Jagdskandal war wohl ein Vater des Gedanken.

3. Juni:

Drei Jahre Bürgerkrieg,
Einhundertsechzigtausend Tote.
In Syrien gibt's für keinen einen Sieg.
Assad heut' mit 'ner neuen Zynismusnote:
Lässt als Präsident sich wiederwählen,
Um zu zeigen: Er alleine hat die Macht sein Volk zu quälen.

4. Juni:

Nicht G8 in Sotschi findet statt;
Putin setzt der Westen damit matt.
G7 hat stattdessen heut' begonnen;
Russlands Einfluss scheint zerronnen.
Schon sucht der Russe Gespräche mit Obama;
Der verweigert sich, ohne Fortschritt im Ukraine-Drama.

5. Juni:

Die Zinsen sind nun praktisch abgeschafft.
Wir Sparer müssen dafür büßen.
Der DAX hat's über die Zehntausend heut' geschafft.

Wer vorgesorgt, den tritt man nun mit Füßen.
Risiko und raus das Geld!
Es zählt nur die Devisenwelt.
Konjunktur, Konjunktur!
Ganz Europa muss auf diese Spur.

6. Juni:

Der D-Day jährt sich nun schon siebzig Mal;
Auch deutsche Offizielle sind dabei.
Auf Gruppenfotos steh'n sie ganz egal;
Nur neben Putin steh'n war heut' nicht einerlei.
Neben dem Krim-inellen wollte keiner stehen;
Lässt die Schmach die Kampfeslust bei ihm vergehen?

7. Juni:

Während Fußballdeutschland gegen Armenien noch gestern
                                                        hoch gewann,
Ist der dabei verletzte Reus der tragische Verlierer.
Jogi Löw nur ohne ihn nach Rio starten kann.
Nun fehlt ein guter Ballservierer.

8. Juni:

Zum Thema *Sisi* gibt's 'ne Neuauflage,
Doch nicht romantisch, ach, wie schade.
Sisi ist seit heute Präsident,
In der *Republik* Ägypten, wie er sie nennt.
War vor kurzem noch oberster Militär;
Mit so viel Feind' wird's Regieren eher schwer.

9. Juni:

In Harpsund, in Schweden,
Kommt Merkel eine Ruderbootfahrt gelegen,
Um mit Cameron, Rutte und Reinfeldt
Zu schaffen das Problem Juncker aus der Welt.
Sie will ihn als Kommissionspräsident,
Die Union der drei Anderen dagegenrennt.
Hält Merkel das Ruder in der Hand,

Oder fahren sie mit dem Boot die EU noch an die Wand?

10. Juni:

Die große Hitze fordert ihren Preis:
Hagel, Blitze, Sturm und Bäume auf so manchem Gleis.
Nordrhein-Westfalen hat's besonders schwer getroffen.
Dort starben Menschen. Die Schadenshöhe steht noch offen.

11. Juni:

Islamistisch' Terror bedroht nun immer mehr die Welt.
Jetzt erobert ISIS mordend den Irak.
Mossul, Tikrit, Türkisch' Botschaft unter ihre Gewalt gestellt,
Marschiert die Bande auf Bagdad.
USA und NATO um Hilfe wurd' gebeten,
Sollen möglichst bald schon in den neuen Krieg eintreten.

12. Juni:

Die WM - in São Paulo hat sie nun begonnen.
Im eig'nen Land hat sie wenig Freunde nur gewonnen.
Vielleicht sollt' man versuchen, dem Gigantismus künftig
                                                    beizukommen.
Gegen die Kroaten sind Brasiliens Copa-Träume auch schon fast
                                                    zerronnen.

13. Juni:

Der Kaiser von der FIFA ist gesperrt,
Weil er sich im Falle von Katar hätt' kaufen lassen.
So Blatters Wahrheit, natürlich arg verzerrt.
Freundschaft wurd' gedreht ins Hassen.

Ein Fragebogen - englisch - ohne Franzens Antwort blieb.
"Schickts mir den auf Deitsch!" hat er gefordert.
Majestätsbeleidigung! Die Antwort jetzt die Bild ihm schrieb.
Darauf hat man für zunächst mal 90 Tage ihn zurückbeordert.
(Damit er Keile nicht in Blatters Wiederwahl bald trieb'!)

14. Juni:

49 Tote sind in der Ukraine zu beklagen.
Prorussen schossen die Iljuschin heut' vom Himmel.
Mit Putins schweren Waffen, hört man sagen.
Bald sorgt Rache für neues Kampfgetümmel,
Doch erstmal gedenkt man der Opfer an den angesetzten
                                                                     Trauertagen.

15. Juni:

Mit immer neuen Gräueltaten ISIS gerne prahlt.
Eine Terrorgruppe erobert ganze Länder mit Gewalt?
Jetzt gebietet Maliki für Irak diesen endlich Halt!
Freiwillig rekrutierte Massen von Schiiten
Sollen deren weit'ren Vormarsch unterbieten.
ISIS rekrutiert sich aus Sunniten.

16. Juni:

Schumi ist jetzt wirklich wieder aufgewacht.
Wahrscheinlich hat er sich gedacht:
Die WM will ich länger nicht versäumen.
Und tatsächlich spielten Jogis Mannen gegen Portugal zum
                                                                      Träumen.

17. Juni:

In das *Riesending* im Untersberg war Westhauser gestiegen;
Da spürte er die Felsen auf sich fliegen.
Nun versucht die Rettung schon seit Tagen,
Ihn aus tausend Meter Tiefe hochzutragen.
Man kommt dabei sehr gut voran.
Übermorgen draußen, so der aktuelle Plan.

18. Juni:

Der Islamismus wird auch uns vermehrt bedrohen;
Das gab der Verfassungsschutz-Bericht bekannt.
Deutsche Kämpfer in Syrien und Irak könnten verrohen
Und gefährden Bürger hier im Land.

19. Juni:

Die Rettung aus dem *Riesending*
Steht heute nun ganz oben.
Nicht viele glaubten, dass es je geling',
Doch mittags wurde Westhauser ans Tageslicht gehoben.
200 Helfer aus 6 Ländern -
Man muss sie wirklich loben -
Zerrten hoch just ihn an Hunderten von Bändern.

Auch die Monarchie wurd' in Spanien knapp gerettet.
Felipe VI ist neuer König.
Nach Juan Carlos' Rücktritt hätt' man kaum darauf gewettet,
Rückhalt hat der Herrscher noch recht wenig.
Vincente del Bosque geht es ebenso.
La *Furia Roja* spielte eher schäbig.
So recht ist in Iberien wohl keiner froh.

20. Juni:

Um Posten hat erfolgreich man geschachert,
Streit vermieden in der Gabriel- und Merkel-Allianz.
Juncker zum Kommissionschef hochgeackert,
Schulz verbleibt in seinem Präsidentenglanz.
Derweil ist Guido Westerwelle an Leukämie erkrankt;
Was er als Außenchef erreicht', hatten nur wenige dem Mann
                                                                gedankt.

21. Juni:

Im Fußball heut' ein Drama:
Das Spiel gegen Ghana.
Führung, Ausgleich auf dem Fuß;
Diesmal war's kein Hochgenuss.

22. Juni:

Snowden erhält den Preis für Zivilcourage,
Gestiftet von Spendern aus Berlin.
Weil gegen ein viel Zuviel an Spionage

Er mutig ein persönlich' Risiko einging.
Die Befragung in Moskau lehnt er nun ab.
Nur in Deutschland sagt er aus vor dem Untersuchungsstab.

23. Juni:

Schumis Krankenakte wurd' gestohlen.
Gegen reichlich viele Kohlen
Wird sie der Regenbogenpresse anempfohlen.
Pressefreiheit - gut, schön und wichtig,
Aber sowas widert an und ist nicht richtig.

24. Juni:

Suárez ungestraft Italiens Chiellini biss,
Der Schiri wegen Nichts Marchisio des Felds verwies.
Am Ende Uruguay des Siegs gewiss.
Das riecht mal wieder nach Beschiss.
Die Squadra die WM verlies.

25. Juni:

Das Reisen mit der Bahn
Birgt einige Gefahr'n.
Der SWR hat unlängst aufgedeckt,
Wo überall Bedrohung steckt.
Hat das die Bahn nun aufgeweckt
Oder wieder nur das Klientel erschreckt?

26. Juni:

Löw, zwar nass und Klinsmann trocken,
Tat den Freund-Rivalen in die Niederlage locken.
Der Amerikaner, in Recifes Nässe nass gemacht,
Am End' doch au' no' in die nägschte Runde lacht.

27. Juni:

Die Demokratie in der EU steht wacklig nur auf einem Bein.
Juncker, vom Volk gewählt, muss zusätzlich von Staatschefs
                                        nominiert sein.

Dagegen sträubte Cameron nun sich mit viel polemisch' Rede
Und entfacht' damit zwischen Kontinent und Insel eine Fede.
Juncker ist so gut als wie gewählt;
Möglich doch, dass man die Briten bald nicht mehr als Mitglied
                                                                           zählt.

28. Juni:

Zwei OSZE-Teams hielten sie als Geiseln;
Heut' kam die zweite Gruppe frei.
Neue ukrainisch' Hoffnungsschimmer kreiseln:
Waffenstillstand beidseitig gern verlängert sei.

29. Juni:

ISIS ruft aus heute das Kalifat;
Soll heißen, dass Mohammed jetzt 'nen Enkel hat.
Staatsziel: Alles, was im Gegensatz zum Menschenrecht
Und geeignet zur Unterdrückung des weiblichen Geschlecht.

30. Juni:

Achtelfinale. Gegen Algerien.
90 Minuten voller Mysterien.
Und im Tor? Kein Ball.
Verlängerung. Dann dreimal der Knall.
Am Ende zwei zu eins.
Eher mit Glück - so scheint's.

Juli

1. Juli:

Drei entführte Jungen tot gefunden:
Die Familien, Israel sind arg geschockt.
Nicht nur die Seelen tragen Wunden;
Frischer Friede jäh gestoppt.
In Verdacht ist die Hamas.
Angriff, Terror, neuer Hass.

2. Juli:

Erneut ist auf beiden Seiten es gelungen,
Den Hass der Väter zu vererben.
Nach den Israelis nun der Tod eines palestinensisch' Jungen;
Liegt der Friedenswille wieder ganz komplett in Scherben?

3. Juli:

Zehn Jahre Streit hat es gegeben;
Jetzt wurd's beschlossen grade eben,
Dass unter acht fünfzig verdiene keiner mehr.
Doch, dass das echt für alle gelte, bleibt 'ne Mär.

4. Juli:

Deutschland kämpft sich durch ins Halbfinale.
Brutal gefoult landet Brasiliens Star nun im Spitale.
Uns war Frankreich unterlegen;
Die Selecao tat Kolumbien aus dem Rennen fegen.

5. Juli:

Der Mindestlohn nun grad beschlossen,
Da kommt Dobrindt mit der Automaut schon vorgeschossen.
Für alle Straßen sei diese zu entrichten;
Mit der Steuer wird's verrechnet, tat der Minister noch berichten.
Wirklich zahlen sollen nur Transiten;
Von den Russen bis zu den Briten.

6. Juli:

Ein junger Mann in Haft genommen.
Der Vorwurf: Spionage für Amerika.
Aussöhnung hat neuen Knacks bekommen.
Freundschaft kühl wie's Eis in der Antarktika.

7. Juli:

Bomben auf Gaza gegen die Hamas,
Im Gegenzug Raketen auf Ashdod.
Eine verfehlt das rechte Bogenmaß
Und stürzt der *Aida Diva* dort an Bord.
Bis auf Schock kam niemand da zu Schaden.
Doch des Schiffes Flucht war dringend angeraten.

8. Juli:

Ist's noch Wiederholung oder schon ein neues Tor?
Deutschland führt die Brasilianisch' Mannschaft vor!
Im Halbfinale -
Sieben - eins.
Auf dem Wege zum Pokale
Des Schwarz-Rot-Gold-Vereins.
Selecao in Bergab-Spirale.
Dort wird man noch lange drüber reden.
Vorbei erstmal mit Fußballs Garten Eden.

9. Juli:

Kaum ist die erste Spionage-Affär' bekannt,
Erschüttert die zweite schon das Land:
Ein US-Agent in von der Leyen's Amt
Ist äußerst ungalant.
Freundschaft wird als abgekühlt benannt.

10. Juli:

Wie der Vertreter eines Schurkenstaats
Wurd' der oberste US-Geheimdienstler des Lands verwiesen.
Angesichts des grotesken Nutzens des Verrats
Führt der Schaden an der Freundschaft zu viel größ'ren Krisen.

11. Juli:

Tausendfach nun Gaza bombardiert,
Vielleicht Israels Armee bald einmarschiert.
Hundertfach die Raketen der Hamas,
Jede einzelne verschickt mit ungezügelt' Hass.
Sie tarnen sich in bewohnten Häusern,
Tun rücksichtslos die eignen Leute der Gefahr veräußern.

12. Juli:

Gegen Holland musste Brasilien um Platz 3 heut' kämpfen.
Doch die Erwartungen taten vorher schon die Deutschen
                                                                                      dämpfen.
Die Selecao blieb wieder chancenlos.
Die Enttäuschung ist im Lande riesengroß.

13. Juli:

Heute gab es nur ein einz'ges Thema:
Das Endspiel Deutschland gegen Argentinien.
Es gab Verlängerung, doch kein' Elfmeter;
Götze schoss das Land nach Fußballparadisien.

14. Juli:

Auch heute:
Deutschland aus dem Häuschen.
Überall begeistert' Leute.
Und so mancher auch im Räuschchen.

15. Juli:

Der Siegerflieger
Fliegt über die Fanmeil' rüber.
Auch heut' noch begeistern
Die Helden vom Vierten Stern.
Eine halbe Million
Wartete schon
Zu feiern den goldenen Pokal.
Solches erlebt man kaum nochmal.

16. Juli:

Zur Normalität zurück:
Beathe Zschäpe sorgte für ein Überraschungsstück:
Will einen neuen Anwalt haben.
Schweigend, einfach nur durch Nicken
Will sie ihren Pflichtbeistand zum Teufel schicken.
Dafür muss sie jedoch nach guten Argumenten graben.

17. Juli:

Eine Boden-Luft-Rakete, wohl vom Type *Bug*
Beendete den Malaysian Airlines Flug.
Wahrscheinlich haben die rebellisch-ostukrainischen Genossen
Den von Amsterdam gereisten Flieger abgeschossen.
Fast 300 unschuld'ge Tote sind nun zu beklagen,
Dort, wo Ukrainer und die Russen aufeinanderschlagen.

18. Juli:

Im Raumschiff *Orion* als Kommandant,
In *Wünsch Dir Was* stets recht charmant,
Als erster Talkshowmaster in diesem Land
War Dietmar Schönherr recht bekannt.
Jetzt, im Alter von 88 Jahren
Verstarb er, wir werden ihn in der Erinnerung bewahren.

19. Juli:

Der MH-Absturz ist schwer aufzuklären,
Denn die Russen verwischen ihre Spuren.
Der OSZE wollen sie Einsicht nicht gewähren;
Die Macht liegt bei den Sturen.

20. Juli:

Heute' vor 70 Jahren
Sollte Hitler sterben.
Doch im Eilverfahren
Rannten die Helden
Selber ins Verderben.
Ihrer wurde heut' gedacht
Am Orte grausig kalter Nacht.

21. Juli:

Deutschlands reichster Mann ist tot:
Karl Albrecht ist verstorben.
Gute Qualität im preislich besten Angebot,
Damit ist Aldi zum Riesen einst geworden.

22. Juli:

Die in die Ferien fliegen wollten,
Wurden tot nach Charkiv heut' verbracht.
Doch die Züge vorerst nur 200 ihrer holten.
Was hat man mit dem letzten Drittel wohl gemacht?
Heim fliegt man sie morgen dann
In die trauernde Hauptstadt Amsterdam.

23. Juli:

Ein Land in Trauer.
In Särgen kehren Menschen heim.
Unwillkürlich trifft uns Schauer.
Warum musste dieses sein?

24. Juli:

In der Ukraine ist die Koalition zerbrochen,
Jazenjuk ist zurückgetreten.
Es hat lang nach Krise schon gerochen.
Jetzt sind Neuwahlen erbeten.

25. Juli:

Aus Gaza unentwegt Raketen,
Israelisch' Bomben dort.
Um Waffenstillstand Kerry hat gebeten,
Doch Kämpfe gehen weiter, wie auch Mord.
Araber drohen Israel von allen Seiten,
Denen diese Bomben millionenfachen Zorn bereiten.

26. Juli:

Zwölf Stunden Waffenruhe im Nahostkonflikt.
Zu knapp die Zeit, Menschen dort zu bergen,
Nahrung holen, wegzufegen all die Scherben.
Die Hamas hat Raketen gleich danach geschickt.

27. Juli:

Nun ist die Bergung doch gelungen:
Costa Concordia
Seit heut' in Genua.
Eins Komma fünf Milliarden hat das Projekt verschlungen.

28. Juli:

Erneut tötet Ebola
Menschen in Westafrika.
Seit Wochen tobt die Seuche.
Unser Schutz: Dass man im Vorfeld schon verscheuche
Menschen, die von dort woll'n kommen.
Einen Arzt hat man nun ausgenommen.

29. Juli:

Kritik am jüdisch' Staate
Sollt' *Antisemitismus* man nicht nennen.
Vor allem dann, wenn sie mit Bombe und Granate
Schulen und das E-Werk Gazas niederbrennen.
Verständlich ist Operatives gegen die Hamas,
Denn die verbreitet unter allen Angst und Hass.

30. Juli:

Spaßes türkisch' Bremse trägt jetzt einen Namen:
Bülent Arinc macht aus Frauenlachen Dramen.
Der Weiblichkeiten heit'res Lachen
Will er gern verboten machen.
Frauen sollten sich vor Lachen biegen,
Wenn sie Erdoganens Vize mal zu fassen kriegen.

31. Juli:

Hedgefonds sind der Wirtschaft größtes Übel.
In Argentinien ist die Stimmung explosibel.
Die Fonds mit Anleih'n billig sich versorgten,
Während redlich' Bürger dem Staate gute Gelder borgten.
Die Kurse sind gestiegen,
Jetzt woll'n die Geier auf einmal alles kriegen.
Argentinien steht wieder vor der Pleite.
Lasset bluten diese Hedgefonds-Leute!

August

1. August:

Ein Skandal im Modellbausektor?
Das hat Seltenheitscharakter.
Bayerns Christine Haderthauer
Ist Teilhaberin bei einem solchen Autobauer.
Der ließ billig von Behinderten produzieren
Und tat hohe Margen dann kassieren.
Ein Ex-Teilhaber hat sie nun angezeigt.
Immunität wurd' heute aufgehoben,
Ermittlungen jetzt ausgehoben.
Der Seehofer, der schweigt.

2. August:

Im Bahnhof Mannheim gab's 'ne Kollision.
Die meisten kamen mit dem Schrecken noch davon.
Einige verletzt im Krankenhaus.
Der Unglücksort sieht wohl nach Schlimm'rem aus.
Ein Güterzug hat die Personenbahn gerammt.
Ein Zugführer die Unklarheit der Gleisführung verdammt.

3. August:

Erstmals durften heute Türken
Von Deutschland aus bei türkisch' Wahlen wirken.
Es gab sieben große Wahllokale.
Die Stimmen ruhen nun im Schrank aus Stahle
Bis zu Stammlands Wahlfinale.

4. August:

Vor hundert Jahren
Überfielen deutsche Heeresscharen
Belgien, klein, neutral.
Doch das war dem deutschen Kaiser ganz egal.
Heute das Gedenken
Mit Prominenz aus den beteiligt' Ländern.
Sie alle an den Frieden denken,

Wollen Feindschaft weltweit Richtung Frieden ändern.

5. August:

Bernie Ecclestone, wegen Korruption in München vor Gericht,
Zeigte heute ein lachendes Gesicht:
Ist's ihm mit hundert Millionen doch wiedermal gelungen,
Dass sein Strafprozess im Nichts ist ausgeklungen.
Darum merke: Bist du wegen Bestechung dran,
Biete noch weit höhere Summen an,
Dann bleibst du amtlich auch ein freier Mann.

6. August:

In 10 Jahren ist sie der Kilometer viele nun gereist.
Jetzt ist sie da, bei dem Kometen, von dem das meiste ist vereist.
P 67, *Gummiente* auch genannt,
Ist *Rosettas* neues Heimatland.
Bis November soll sie ihn umkreisen,
Dann landen und so einiges aus der Vergangenheit beweisen.

7. August

Die West-Sanktionen den Russen wohl gefallen,
Denn fortan woll'n noch viel weniger sie erhalten.
Importverbote aus Moskau uns entgegenschallen;
Medwedjew will noch mehr Mangel bald verwalten.
Ob er und Putin so die nächste Wahl wohl überstehen?
Wir werden sehen.

8. August:

Die Herrschaft des Schreckens im Irak
Setzt sich fort noch immer Tag für Tag.
Auch die Kurden sind durch ISIS arg bedroht;
Das zieht Obama mit ins Boot.
Er lässt die Islamisten bombardieren,
Damit sie dort nicht weiter vormarschieren.

9. August:

Der Wahnsinnigen Vormarsch ist zunächst gestoppt;
Jesiden dennoch immer noch in großer Not.
Peschmerga, seit Dekaden kampferprobt,
Retten so viele, wie sie können, vor dem sonst sich'ren Tod.

10. August:

Der Supermond ist heut' zu sehen,
Sofern Wolken dir davor nicht wehen.
Das volle Rund im Perigäum,
So, wie man's sonst nur findet im Odeum.

11. August:

Erdogan hat die Präsidentenwahl gewonnen.
Zunächst gibt er sich sehr besonnen.
Nach der Gegner übelster Verhöhnung
Spricht er seit heute von Versöhnung.
Des Präsidenten Macht er stärken will;
Macht er's wie Putin, wird's zuviel.

12. August:

Das sieht man auch nicht alle Tage,
Dass Caren Miosga barfuß auf dem Moderatortische steht.
Was hat sie vor?, stellt man sich kurz die Frage,
Bis man erspäht,
Dass es um den Freitod eines Robin Williams geht.

13. August:

Zweihundertachtzig LKW,
Unschuldig und weiß wie Schnee,
Hängen an Ukraines Grenze fest,
Weil man dort Putins Propagandatreck nicht einreisen lässt.
In Kiew sieht man darin ein Trojanisches Pferd
Auf dem Weg zu ihrem östlichen Unruheherd.

14. August:

Gustl Mollath ist jetzt freigesprochen.
In die Psychiatrie muss er nicht mehr.
Der Richter hat ihm Entschädigung versprochen,
Tat aber dennoch auf den Missbrauch seiner Gattin pochen.
Dagegen setzt sich Mollath noch zur Wehr.
Ein Freispruch zweiter Klasse zwar,
Doch erstmal ist es wunderbar!

15. August:

Wie kann es sein in uns'rer global informierten Zeit,
Dass es über die Existenz eines Militärtransportes gibt noch
Streit?
RussischeTruppen seien in die Ukraine eingedrungen,
Welche man dort habe vernichtend bezwungen.
Moskau behauptet, das habe es nie gegeben.
Jeder versucht, Wahrheit durch Lüge aufzuheben.
Der Hilfskonvoi steht an der Grenze noch immer,
Seit heut' geschützt von russischen Panzern, das macht es noch
schlimmer.

16. August:

Seine Einschätzungen waren oft umstritten,
Weil so real, dass es keiner wirklich hören wollte?
Peter Scholl-Latour hat häufig schon gelitten,
Heute ist der Tag, an dem ihn schwere Krankheit überrollte.
Er war Dino und Legende im Mediengeschäft.
Über alles wusst' er Etwas in der Welt, die niemals schläft.

17. August:

"Hands up, don't shoot!",
So schallt's durch Ferguson in Midwest.
Schwarze rufen's voller Wut.
Rassismus heißt die Pest.
Anlass ist das Blut
Des jungen Michael Brown,

Das floss, weil sich Schwarz und Weiß noch immer nicht vertrau'n.

18. August:

Auch Deutschland spioniert in Partnerstaaten.
Der Spiegel deckte auf jüngst solche Taten.
Die Türken fühlen sich verraten.
Der Botschafter musste zum Minister eilen
Und bei diesem Auskunft nun erteilen.
Merkel tut derweil in Lettland weilen,
Hat stattdessen Bosbach aufgebraten
Zu verkünden, man brauche diese Daten.

19. August:

"Keine Waffen in Krisengebiete",
Dieser deutsche Grundsatz weicht sich gegen ISIS auf.
Das sollte freuen nun die Waffenschmiede,
Doch bei Exporten hält Gabriel heut' den Daumen drauf.

20. August:

Ein Journalist,
Enthauptet vom Krebsgeschwür der ISIS,
In China erstmals nun ein Deutscher ist
Verurteilt in das Reich Osiris'.
Auch hierzuland' kein schöner Tag,
Wenn man's nicht grad'
Kalt und wolkig mag.

21. August:

James Foley, der Journalist, von dem wir gestern sprachen,
Sollte von amerikanischen Truppen gerettet werden.
Dazu diese in ein syrisches ISIS-Camp einbrachen.
Doch sie war'n zu spät, deshalb musst' er sterben.
Amerikaner üben Befreiung und zahlen kein Geld,
Das wohl wirksamste Mittel gegen das Böse der Welt.

22. August:

Territoriale Integrität?
Für Putin ist das kein Thema.
So lang' es nicht um sein eignes Russland geht,
Passt ihm die Verletzung schon ins Schema.
Der Konvoi heut' über die ukrainisch' Grenze rollte,
Unbegleitet, obwohl er's sollte.

23. August:

Galileo heißt Europas eig'nes Navigationssystem,
Doch dies meldet heute: "Kourou, wir haben ein Problem!
Wir können uns're Umlaufbahn nicht finden.
Was soll'n wir tun? Weiter uns nach oben winden?"
Sind die Russen über die Sanktionen so verdrossen,
Dass sie die Fracht nicht weit genug hinaus geschossen?

24. August:

Die Ukraine feiert ihre Unabhängigkeit .
Die Parade zeige Stärke und Entschlossenheit.
Zur selben Zeit östlich in diesem Land
Vollführen Separatisten eine ganz besond're Schand:
Sie führen ihre Gefangenen vor.
Empörung zeigt die freie Welt im Chor.

25. August:

In Frankreich trat das Kabinett zurück.
Montebourg traut dem deutschen Sparkurs wohl kein Stück.
Hollande hat Premier Valls gebeten
Eine neue Mannschaft aufzubieten.

26. August:

An zwei Orten gleich gibt's neue Hoffnung auf das Gute:
Weder in Nahost noch in der Ukrain' will man, dass das Volk
                                                               noch weiter blute.
Waffenstillstand hat man ausbedungen;
Bleibt zu hoffen, dass auch Friede sei nun bald gelungen.

Währenddessen leider auch noch weiter morden
ISIS Horden
In Mesopotamiens Norden.

27. August:

Immer öfter wird Ebola auch für die Helfer zum Problem.
240 krank, etwa 120 leider schon verstorben.
Da ist's nur recht, wenn wir mit unserm guten Hilfssystem
Auch hierzuland' Betroffene versorgen.
Einer ist in Hamburg heut' gelandet;
Er und alle um ihn rum in Schutzanzug gewandet.

Aus Englands Norden wurd' ein Skandal bekannt,
Von dem man denkt: Das gibt es nicht in unserm Land.
In Rotham, einer Kleinstadt dort im Königreich,
Wurden Mädchen vergewaltigt, zu Tausenden sogleich.
Und jeder wusste scheint's, was dort geschah,
Doch keiner tat etwas - irgendwie erinnert's an die deutsche
Nazischar.

28. August:

Der Wolf hat den Schafspelz wieder ausgezogen,
Denn es zeigte sich, wie sehr die Welt er hat belogen.
Während Putin und Poroschenko in Minsk über den Frieden
sprachen,
Tausend seiner Truppen über die Donbassgrenze brachen.
In Kiew spricht man nun von Invasion.
Misstrau'n ist berechtigt lange schon.

29. August:

400 junge Deutsche haben sich der IS schon angeschlossen.
Was bewegt sie, das zu tun?
Ist Realbrutalität Alternative, wenn der Computerwelt ist
schließlich man verdrossen?
Was machen sie für die Akzeptanz durch den Tribun?
Exekutionen mit Schwertern und Geschossen?

30. August:

Von der Ukraine ließen sich heut' weitgehend überschatten
Brüssels Nachfolgedebatten.
Die Neuen an den Spitzenposten
Müssen schnellstens rechnen, was Putin am meisten würde
kosten -
Die Rede ist von wirksameren Sanktionen,
Damit er anfängt, seine einst'gen Bruderstaaten zu verschonen.

31. August:

Sachsen hat gewählt.
Die Nichtwähler waren stärkste Partei.
Die AfD zu den Gewinnern zählt;
Sind im Landtag zweistellig dabei.
Trotz Verlust liegt Tillich an der Spitze;
Doch braucht er andre Partner; die FDP bekam was auf die
Mütze.

September

1. September:

Weltkrieg 2 begann vor 75 Jahren.
Es ist Tag des Friedens in der Welt.
Doch sind wir sich'rer heute vor Gefahren?
Religion, Machtgelüste, Erz und Geld
Zwingen wie eh und je die Menschen auf das Schlachtenfeld.

2. September:

Amnesty International verurteilt ISIS in Syrien und Irak.
Sie töten jeden, der nicht ist, wie er sein soll, in ihrem Kalifat.
Heute die grausig' Meldung, dass ein weit'rer Journalist
Von den Barbaren enthauptet worden ist.

3. September:

Hü und Hott,
Putin ist im Schweinsgalopp.
Neulich Vorschlag: Stillstand aller Waffen.
Damit tat er sich wohl selber bluffen,
Denn es fiel ihm grad rechtzeitig noch ein:
Verhandlungspartner kann er, *weil nicht beteiligt*, gar nicht sein.
Neuer Druck aus Richtung West
Ihn nun einen Siebenpunkteplan verlesen lässt:
Als Friedensmakler heuchelt Putin sich voran,
Weil der Nato-Gipfel morgen ihm sonst spürbar schaden kann.

4. September:

Ein wicht'ger Führer der brutalen ISIS Truppen
Kam in Mossul durch Luftschlag um sein Leben.
Eine Antonov lud Gerät aus deutschen Vorratsschuppen,
Um Kurden, was sie zum Kampfe brauchen, bald zu übergeben.

5. September:

Aus Minsk mal wieder neue Hoffnung kommt:
In der Ostukraine sollen ruhen bald die Waffen.
Nur vereinzelt bei Mariupol einer weiter bombt;
Wird man den Durchbruch diesmal schaffen?
Zweifel sind wohl wieder angesagt,
Im Bruderkrieg, der an den Nerven nagt.

6. September:

Salafisten spielen wieder üble Streiche:
Haben sich als Shari'a Polizisten aufgespielt.
Und das bei uns und nicht in einem ihrer Islamistenreiche.
Auf Rekrutierung junger deutscher Männer die Aktion wohl
                                                  zielt.
Zum Glück verstehen dazu keinen Spaß:
De Maizière und Justizminister Maas.

7. September:

In Schottland steht ein Referendum kurz bevor.
Auch sein Nationalteam erreicht in Dortmund noch ein
                                                  Ausgleichstor.
Doch während zuhaus' die Unabhängigkeit eng vorne liegt,
Jogis Mannschaft am Ende in der Euro-Quali doch knapp siegt.
Jetzt will England plötzlich auch noch alles unternehmen,
Um sich mit den Wohlgeneigten nicht noch zu verfemen.

8. September:

Die meisten Waffen schweigen seit drei Tagen,
Dennoch brüten europäische Minister über Fragen
Der Verschärfung von Sanktionen.
Prophylaktisch, denn vorerst will man Russland noch
                                                  verschonen.
Doch Putin regt sich auf und droht
Mit ausgedehntem Flugverbot.
Aber in Retour könnt's treffen ebenso die Aeroflot.

9. September:

Der Mensch zerstört das Klima;
Das ist lange schon bekannt.
Doch erschreckend wird es immer,
Wenn neue Zahlen sind benannt.
Kohlendioxid-Anteile steigen,
Die Meere sind versauert.
Bislang will keiner ernsthaft dazu neigen,
Dass das nicht so andauert.

10. September:

Der Juncker macht die Böck' zu Gärtnern;
Stellte seine Kommission heut' vor.
Moscovici und Hill ernennt der Mann zu Währungswärtern;
Das öffnet Zockern Tür und Tor.
Öttinger wird Mann für Digitales;
Ob er schon weiß, dass es nicht ums giftig Pflänzlein geht?
Kultur und Bildung an den, dem Freiheit ganz egal ist;
Erreicht man im Magyarenland zurück damit Integrität?
Wer früher unter Korruptionsverdacht
Jetzt für Europa Energieverträge macht.
So geht die Liste weiter
Und stimmt kaum jemanden wohl heiter.

11. September:

Wieder ist ein Stück TV-Geschichte heut' verstorben:
Edgar-Wallace Held und Show-Mann "Blacky" Fuchsberger ist
                                                                                  tot.
Bei seinem Anblick fühlte man sich früher stets und kurz
                                                                             geborgen
In den Straßenfegern, wo sich selbst das Fernseh-Grau
                                            verwandelt hat in blutgetränktes Rot.

12. September:

Der IS ist in Deutschland endlich nun verboten.
Kein Fahnenschwenken, keine Hasstiraden, kein Werben von
                                                                            Rekruten.

Um die 30 Tausend Mann soll sie im Orient betragen;
Auch 400 Deutsche haben sich auf des Wahnsinns Seite schon
geschlagen.

13. September:

Amerika sucht Alliierte,
Um den Krieg gegen ISIS anzuführen.
Es gibt nicht viele Couragierte,
Die so handeln, dass es die Irren dort auch spüren.
Deutschland schickt den Kurden 40 Mann,
Die ihnen zeigen, was man mit den neuen Waffen machen kann.

14. September:

In Thüringen und Brandenburg wurde heut' gewählt.
Recht unterschiedlich, wie man sah,
Als die Stimmen waren ausgezählt.
Die FDP ist dem Kollaps schon ganz nah;
Unter zwei Prozent sie sich überall wohl quält
Und schlicht in jedem Parlament nun fehlt.
Dafür die AfD nach oben schießt;
Der, der wählt, den Weg nach rechts scheint's mehrheitlich
begrüßt.
In Brandenburg wird Rot-Rot dennoch wohl fortregieren;
In Thüringen bleiben Möglichkeiten offen.
Frau Lieberknecht hat den Auftrag zu sondieren;
Ob's was Gescheites wird, das bleibt zu hoffen.

15. September:

Ein junger Dschihadist,
Ein ISIS Kämpfer,
Steht in Frankfurt vor Gericht,
Welches wohl recht milde ist,
Weil der Mann im Krieg erhielt bereits den Dämpfer.
Man setzt auf zweite Chance, ist auf Rache nicht erpicht.

16. September:

Kiew ist mit Strasbourg enger jetzt verbunden.
Waren damit nicht vergebens, der letzten Monat' Wunden.
Assoziation mit großer Mehrheit heut' beschlossen,
Zeitgleich in beiden Parlamenten.
Trotz Waffenruhe wurd' im Donbass noch geschossen,
Obwohl Ukrainer mit mehr Rechten dort einlenken.
Zunächst tritt nur politische Zusammenarbeit nun in Kraft;
Für die Wirtschaft bleibt's verschoben, weil das mit Russland
                              noch Probleme schafft.

17. September:

In der Krise macht es sich nicht gut,
Hängt man von Russland ab beim Shuttle-Flug.
Seit Jahren kann nur Sojus die ISS mit Personal versorgen;
Da musste sich das mächt'ge Amerika die Plätze borgen.
Das soll nun bald zu Ende sein.
Ab 2017 will man jetzt die eig'ne Shuttle-Line.
Boeing und Space-Ex sollen sie kreieren
Und auch gleich den Marsflug präparieren.

18. September:

Die Schotten gingen heut' zur Wahl.
Yes or *No* war dort die Frage.
Ob weg von England, ist dort keinem ganz egal.
Vorher schien gleich groß beider Seiten Wählerzahl.
Was ist, wenn sie Britannien nun verlassen?
Das weiß wohl keiner so genau.
Wird man aus der EU sie dann denn schassen?
Auf schnellen Wiedereinzug man vertrau.

19. September:

Weit mehr als die Hälfte aller Schotten
Hat sich für den Verbleib im Königreich entschieden.
England ist erleichtert, ohne groß zu spotten,
Auch Brüssel ist damit nun sehr zufrieden.
Alex Salmond, der Initiator, ist zurückgetreten.

Keine Selbstbewusstseinsklänge aus den Dudelsacktrompeten.

20. September:

Der IS rückt weiter vor nach Norden;
Hundertausende geflüchtet, berichten immer noch vom
                                    grausam'st Morden.
Türkische Diplomaten kamen aus der Geiselhaft heut' frei;
Die schwarzen Mörder stehen an der Grenze zur Türkei.
Schlimme Nachricht auch aus unser'n Breiten:
Deutsche Kinder sind gegangen, um für den IS zu fighten.

21. September:

Für den Klimaschutz ging man heut' weltweit auf die Straßen.
Beschwichtigung will man sich nicht länger mehr gefallen
                                      lassen.
Übermorgen beginnt in New York die Weltklimakonferenz;
Für ein verbindlich' Abkommen zeigt auch dort das Volk
                                      Präsenz.

22. September:

Ebola ist nur schwer noch einzudämmen.
Die Zahl der Infizierten ständig steigt.
Dem Drängen, dass mehr Hilfen auch aus Deutschland kämen,
Zeigt sich die Regierung endlich wohlgeneigt.
Eine Luftbrücke soll Materialien jetzo liefern;
Wie viele Volontäre helfen, lässt sich noch nicht beziffern.

23. September:

Der neue 10-Euro-Schein ist heut' erschienen;
Noch sicherer, mit farbig' Hologrammgeblitze.
Doch ist wieder zu berichten von Bomben und von Minen;
Der IS beherrscht erneut von den Nachrichten die Spitze.
Die US und die Allianz fliegen nun auch über Syriens Norden,
Um zu treffen des Kalifen mordend' Horden.
Ein Franzose wurd' in Algerien entführt;
Von diesen Bildern fühlt sich die Grand Nation berührt.

24. September:

Waffen fliegen will man nach Irak,
Doch von der Leyen-Truppe man erschrak:
Es steht kein eig'nes Flugzeug mehr parat!
Helikopter, Fluggeräte - alles nur noch Schrott,
Selbst das Leihgerät aus Holland ist kaputt.
Auch die Instrukteure in Bulgarien sitzen fest;
Erst kein Irak-Permit,
Dann fliegt ihr Flugzeug - durch den Pilotentest -
What a Shit!
Hoffentlich kriegt der Putin das nicht mit!

25. September:

Von den Krisen dieser Welt wurd' nun bereits sehr viel berichtet;
Jetzt wird mal was Schöneres belichtet:
Die Form des Wartburg-PKW.
Was, das ist schon längst passé?
Nicht ganz!
Denn in ganz besond'rem Glanz
Steht heute der Designer Karl-Clauss Dietel,
Der gerad' erhielt den bundesdeutschen Ruhmestitel
Für die Formgestaltung vieler Dinge in der DDR.
Für sein Lebenswerk gilt diese Ehr'.

26. September:

Wie unterschiedlich die Probleme dieser Welt!
England sich heute in die Reih' aktiver Anti-ISIS Kämpfer stellt.
In Afrika
Tobt Ebola.
Und in deutschen Landen?
TÜV Ingenieure einen Makel am Freistoßspray nun fanden:
Warnhinweise viel zu klein
Und auch nicht in deutscher Sprache.
Drum sagt man zur Verwendung erstmal "Nein!"
Bis man hat die Norm zur Sache.

27. September:

Wie zur Unabhängigkeit die Schotten stimmten - nun ja.
Jetzt versucht man das Gleiche auch in iberisch' Katalunya.
Im November will man die Provinzler an die Urnen bitten,
Um zu sehen, ob sie bereit', vom Mutterland sich abzusplitten.

28. September:

Nach langer Flucht in Sicherheit?
Das haben Asylanten sehnlichst sich erhofft.
Doch war die Security gewaltbereit,
Schändlich' Übergriffe, wie hierzuland' so oft.
Diesmal ist's im Siegerland gescheh'n,
In Burbach, im neu errichtet Heim.
Auf Handyvideos ist's ganz brutal zu seh'n,
Wie die Wachmannschaft kann böse sein.

29. September:

In Hongkong gibt's seit Tagen schon Proteste.
Der Bürgermeister steht zur Wahl.
Wählen darf man, doch nur, was Peking hält fürs Beste.
Menschenrecht verletzt - zum x-ten Mal.
Polizisten prügeln, sprayen Gase in die Menge;
Apparatschiks seh'n sich schnell getrieben in die Enge.

30. September:

Auch in Texas, USA,
Gibt es einen Fall mit Ebola.
Aus Liberia zu Besuch bei den Verwandten,
Stellt' man bei dem Mann nun fest,
Dass der Virus ist vorhanden.
Kontaktpersonen ruft eilig man zum Test.

Oktober

1. Oktober:

Jens Stoltenberg ist neuer NATO-Chef.
Lob vor Tadel, scheint sein Motto, ganz galant.
Das gilt für Putin im Betreff
Und ist pädagogisch recht gewandt.
Drum dehnt er's auch gleich noch auf Deutschland aus,
Wo zu den bisher'gen Pannen bei der Bundeswehr
Sich gesellte heut' noch mehr:
Mit dem Eurofighter ist's jetzt früher aus
Wegen fehlerhafter Bohrlöcher.

2. Oktober:

Die Türkei rüstet sich zum Bodenkampf,
Die ISIS-Mörderbande ist schon nah.
Im Parlament macht Erdogan heut' Dampf;
Büyük sagt mit großer Mehrheit "Ja".

3. Oktober:

Die Berliner Mauer steht nicht mehr.
25 Jahr' ist das nun her.
Es wurd' der Einheit heut' erneut gedacht;
Über Hannover dazu nicht nur die Sonne lacht.
Zelte entlang des Maschsees stehn',
Wo von 16 Ländern Typisches gibt es zu seh'n.

4. Oktober:

Wieder hat IS einen Mann geköpft.
Einen Briten, der nur helfen wollte.
Britannien daraus erneut Bereitschaft schöpft,
Dass man die Hasserfüllten am liebsten überrollte.
Cameron kündigt schon Vergeltung an,
Doch müssten dazu wohl die Bodentruppen ran.

5. Oktober:

Im Vatikan,
Dem Zentrum weltfernster Politik,
Eine Synode heut' begann,
Um sich der Welt zu nähern, ein winzig kleines Stück.
Einen Fragebogen hatte Pontifex rezent verschickt,
Um zu hören, wie sich die Schäfchen so verhalten.
Das Ergebnis hat die Bischofsschar wohl arg geknickt;
Sieht man doch weltweit den kirchlich' Wahn mit Recht
                                                    veralten.

6. Oktober:

Jetzt ist Ebola nach Europa wohl gekommen.
Eine Schwester in Madrid ist dran erkrankt.
In Uganda ist zudem das Marburg-Fieber aufgeglommen;
Es ist mit Ebola verwandt.

7. Oktober:

Wer kennt die "Deutschstunde" nicht -
Lenzens Kritik an der hörigen Pflicht?
Siegfried Lenz ist heute von uns gegangen -
Stiller Mahner vor verrohenden Zeiten.
Er verstand es, böse Signale in Worten zu fangen,
Tat uns sanft in den Frieden begleiten.

8. Oktober:

Ernst Abbes Gesetz ist ausgetrickst,
Weil Hells Mikroskop die Leuchtkraft doppelt nützt!
So lässt das Allerfeinste lebend sich im Licht erkennen
Und Stefan Hell sich nun Chemie-Nobelpreisträger nennen.

9. Oktober:

Um Kobane wird seit Wochen hart gekämpft;
Von türkischer Seite die Erwartung immer wieder neu gedämpft,
Dass Ankara nun Bodentruppen sende.
Syrische Kurden sind dagegen fast am Ende.

Kurdische Proteste gibt es überall weltweit;
Sind zum Teil auch stark gewaltbereit.
US-Luftschläge reichen nicht -
Sie sehen die Weltgemeinschaft in der Pflicht.

10. Oktober:

Papst und Kohl führen jährlich die Gerüchteliste an,
Wenn's um den Nobelpreis für den Frieden geht.
Doch das Komitee fand noch immer 'nen Verdienteren bislang,
Zu vollem Recht, wenn ihr auf die Wahl in diesem Jahre seht:
Malala ist die jüngste Ordensträgerin bisher;
Das ist perfekt, was will man mehr?

11. Oktober:

Papst und Kohl hätten sie wohl vorgezogen:
Die obersten Vertreter des religiösen Wahn -
Die Taliban.
Mit Tod taten sie das Mädchen heut' bedrohen;
Sind Malala geistig nicht gewachsen,
Können nur ihr Dummzeug schwatzen
Und Hörige auf die Vernünft'gen hatzen.

12. Oktober:

Jaron Lanier kommt ein wenig schräg daher:
Rastalocken, spielt die Syrisch' Laute.
Er ist der neue Friedenspreisträger,
Weil er hinter Amazon und Google kritisch schaute.
Er ist ein überzeugend' Warner vor der digitalen Welt,
Für die wir nicht sind Menschen, sondern Quellen nur zum
                                                  großen Geld.

13. Oktober:

Was tun im Kampf gegen die IS-Milizen?
Man könnt' meinen, die Frage sei ganz neu.
Grüne wollen plötzlich senden deutsche Schützen,
Dazu sind selbst die United Nations noch zu scheu.
Türkei will plötzlich Stützpunkte gewähren,

Damit die Amis effektiver bomben können.
Doch am Abend tat man das erneut verwehren;
Auch heut' kann niemand einen Plan benennen.
Derweil die Mörderbanden rücken weiter vor;
Globale Zwietracht öffnet ihnen Tür und Tor.

14. Oktober:

Statt Incirlik für NATO-Flüge endlich zu erschließen,
Bombardier'n die Türken Kurden jetzt im eignen Land.
Daraus die IS natürlich Nutzen nießen;
Kobane fällt den Mördern wohl bald sicher in die Hand.
Wie kann die Türkei nach EU Mitgliedschaft nur fragen,
Wenn sie selbst als NATO-Partner kaum mehr ist zu tragen?

15. Oktober:

Wegen ständiger Streiks waren andre Länder einst verschrien;
Denen nähert Deutschland sich nun an.
Einem Bahn- und Luftstreik kann sich der Bürger kaum
                                                           entzieh'n.
Die kleine GDL ringt um größ're Macht nun bei der Bahn.
Um genannte Forderungen geht es längst nicht mehr;
Für die Kleinen soll der Vorrang im Tarifstreit her.

16. Oktober:

Auch der *mutmaßliche* Patientenwille hat Gewicht;
So entschied nun vom Bund das oberste Gericht.
Wer ohne schriftliche Verfügung seinen Leut' erzählte,
Dass er beim Sterben sich lieber nicht so lange quälte,
Hat das Recht auf einen selbstbestimmten Übergang zum Tod.
Entscheidend ist nicht einmal mehr, wann ihm dieser droht.

17. Oktober:

Zwei deutsche Geiseln, im April entführt,
Sind seit heute wieder frei.
In den letzten Tagen hatten sie die Todesangst gespürt,
Ging das Ultimatum doch an diesem nun vorbei.
Vier Millionen hatte Abu Sayyaf gefordert,

Unklar, ob das Geld wurd' in Wirklichkeit geordert.
Auch die Philippinos haben mit IS Kontakt;
Terrorbanden weltweit steh'n im Killerpakt.

18. Oktober:

Wer reisen will, hat's schwer in diesen Tagen,
Da Streiks das ganze Land nun plagen.
Hier beginnt die Ferienzeit, dort endet sie bereits;
Beste Zeiten für ein Wochenend' des Streits.
Wer's bis zum Airport endlich dann geschafft,
Womöglich dorten nochmal in die Röhre gafft.

19. Oktober:

In Berlin tagt die Weltgesundheitskonferenz.
Natürlich steht Ebola auf der Themenliste oben.
Eine europäische Mission bringe ein Mehr an Effizienz,
Mehr Tatkraft tat Steinmeier von Europa aus geloben.
Kontrollen an den Airports hat man schon verstärkt;
Dass viel mehr Mittel nötig sind, wurde auch bereits vermerkt.

20. Oktober:

So ähnlich wie Nessi im Loch Ness
Geistert auch ein U-Boot vor Stockholm hin und wieder durch
                                                        die Press'.
Real war, dass Amerikaner Kurden Waffen sandten aus der Luft.
Ärgerlich nur, wenn davon auffing was ein ISIS-Schuft.
Man hofft, weil das Paket 'ne klare Anschrift trägt,
Dass ein ISIS-Mann es aus diesem Grund nicht einfach
                                                        unterschlägt.

21. Oktober:

Im Fall Pistorius das Urteil ist gesprochen:
Der Paralympionik soll 5 Jahre in den Knast.
In der Verhandlung wirkte öfter er gebrochen,
Bei der Verkündung letztlich doch gefasst.
In Südafrika gilt für Reiche meist ein andres Recht;
Bei 5 Jahren sitzt man 10 Monate in Echt.

Den Rest
Verbringt man dann im Hausarrest.

22. Oktober:

Ein Terrorakt in Ottawa.
Ob er islamistisch war,
Ist noch nicht ganz klar.
Einen Soldaten auf off'ner Straß' erschossen;
Dann ins nahgeleg'ne Parlamentsgebäude vorgestoßen.
Dort hat Polizei den Mann umschlossen
Und am Ende auch erschossen.
Unklar,
Ob er ganz alleine war.

23. Oktober:

Das Inferno traf heut' Ludwigshafen.
Erst glaubte man, dass die BASF es sei,
Denn es war sehr nah dabei.
Arbeiter die Gasleitung unter einer Straße trafen:
Explosion und Feuerstürmerei.
Machtlos erst die Feuerwehr und Polizei,
Immense Hitze ließ sie zunächst nichts schaffen.
Einer starb dort in den Flammen;
Viele erlitten Verletzung oder Schrammen.
Die Straße wurd' zur Wüstenei.

24. Oktober:

Wer im Briefkasten 'ne Rechnung find',
Ist meist nicht glücklich, sagt man's sehr gelind.
Cameron soll binnen Monatsfrist
Zwei Milliarden zahlen, drum er sauer ist
Und spricht mit Zorn vor der EU.
Wohl hofft er, potentielle Ukip-Wähler hör'n ihm zu.

25. Oktober:

Unrecht herrscht in vielen Ländern;
Abscheulich ist es in den meisten Staaten des Islam.

Ganz vorne weg: Iran.
Auch bei Rejhaneh Dschabbari wollten sie das Todesurteil nicht
mehr ändern:
Heute Morgen wurde sie gehenkt.
Ein Geheimdienstmann hatte sexuell sie einst bedrängt.
In Notwehr erstach sie dann den Schänder.
"S'ist Mord und damit todeswert!", so die, die tragen islamische
Justiz-Gewänder.

26. Oktober:

Es war ein Tag der Wahlen in vielen Ländern dieser Welt.
Tunesien, Brasilien und vor allem die Ukraine hat gewählt.
Doch bei uns ein anderes Ereignis in den Schatten dieses alles
hat gestellt:
Hooligans, sonst rund um ihre Stadien nur gewaltaktiv,
Zeigten sich in andrer Sache im Verein mit Nazis heute primitiv.
Auf Salafisten gingen sie gewaltsam los;
Provozierten manchen polizeilich' Wasserstoß.
Zwischen beiden Gruppen ist der Hass besonders groß.

27. Oktober:

Die Pro-westlichen Parteien sind die Gewinner,
Der Einfluss der Extremen ist jetzt wesentlich geringer.
Diese Bilanz kann man nach der Ukraine-Wahl nun ziehen;
Selbst aus Moskau Anerkennung dieser Wahl.
Sollte von dorther ein Friedenspflänzchen bald erblühen?
Noch gibt man sich im Osten radikal.
Für die Wähler muss sich Kiew Richtung Westen wenden.
Ein Erfolg - könnte der den Widerstand beenden?

28. Oktober:

ISIS-Terror und Assad,
Flüchtlingsströme ohne Ende,
Die Nachbarländer brauchen helfend' Hände;
Darum Deutschland nach Berlin heut' bat.
Mehr Hilfsbereitschaft aus den reichen Ländern!
Es muss sich sofort was und vor dem Winter ändern!
Angemahnt so manches Staatschefs gute Tat.

29. Oktober:

Die "Cygnus" sollte die ISS versorgen,
Doch flog sie nach dem Start nur für Sekunden,
Dann ist sie über Virginia zum Feuerball geworden,
Nahrung und Gerätschaft blieb nun unten.
In Versorgungsnot die Leut' im All noch nicht geraten;
Sie müssen nur ein bisschen länger darauf warten.

30. Oktober:

Putin lässt die Muskeln spielen.
Auf die NATO Einsatzkraft will er damit wohl schielen.
Raketen, Jäger und selbst Bomber,
Jeweils mit abgeschaltetem Transponder,
Lässt er an Europas Küsten fliegen.
An diese sich Europas Abfangjäger schmiegen,
Um die Zivilluftfahrt in Sicherheit zu wiegen.

31. Oktober:

Die Geister, die Orban vor Halloween schon rief,
Trafen heut' den Freiheitsbekämpfer ganz besonders tief:
Die geplante Internetsteuer ruft er schnell zurück,
Ehe noch seine gesamte Restriktionspolitik
Durch Massenaufstand am End' gefährdet ist.
Doch wahrscheinlich plant für Ungarn er bereits den nächsten
Mist.

November

1. November:

Bereits zum zweiten Mal in einer Woche
Stürzt ein Raumschiff auf die Erde nieder.
Space Ship Two sollt' beginnen die Epoche
Der privaten Weltraumflieger.
Einer starb und einer überlebte schwerverletzt.
Den superreichen Branson hat es in den Schock versetzt.

2. November:

Eine Woche nach der Wahl in der Ukraine größtem Teil
"Wahlen" auch im Osten, zu festigen den Spaltungskeil.
Militärkolonnen abtrünnig' Bürgern drohten,
Locken sollt' Gemüse, billig dargeboten.
Eine Mehrheit tat so Sachartschenko wählen;
Das Kreuzchen machen, wo dieser tat's zuvor befehlen.
Auch bei uns hat Gauck den Bogen überspannt,
Wo er die Linke kritisiert, bevor sie in Thüringen stellt den
$\qquad\qquad\qquad\qquad\qquad\qquad\qquad$ Ministerpräsidant.

3. November:

Brittany Maynard -
Wer ist Brittany Maynard?
Brittany Maynard war eine mutige Frau,
Die ihren Tod selbst bestimmte, taggenau.
Ein Hirntumor gab vor, dass sie sterben sollte,
Doch siechend zu enden, war, was sie nicht wollte.
Brittany Maynard.

Das Lebensende selbst zu bestimmen
Kann nur in wenigen Staaten gelingen.
Von Kalifornien zog sie nach Oregon
Der Freiheit entgegen, den Repressionen davon.
Im Kreis der Familie das tödliche Mittel sie nahm.
In Würde zu sterben, darauf kam es ihr an.

4. November:

Barack Obama ist ein einsamer Mann,
Der nun im Prinzip nicht mehr regieren kann.
Für Kongress und Senat wurde heute neu gewählt:
Nun blockiert sich selber die Vormacht der "Freien Welt".
In beiden Kammern die Republikaner jetzo vorn;
Was das hat gekostet, erfüllt Tax-Payer mit Zorn.

5. November:

Die Bahn steht wieder still.
Fünf Tage sei der Streik von Dauer.
Neuer Rekord, wenn man so will.
Nicht nur den Fahrgast macht das sauer,
Weselsky allseits im Kritikenschauer.

6. November:

Das Fernsehen hat fleißig recherchiert
Und dabei in Luxemburg die Praxis aufgespürt,
Wie deutsche Konzerne lang schon ungeniert
Ihre Steuerlast nach ganz weit unten haben korrigiert.
Die Regierung selbst hat diese dabei gern beraten.
Auch Juncker zählt wohl zu den Satansbraten.

7. November:

Im Bundestag war Feierstund'
- Es ging um 25 Jahre Mauerfall -
Da erwartet' man Gesang aus Biermanns Mund,
Doch der beginnt mit einem Paukenknall:
Macht die Parlamentarier der Linken rund;
Nichts ist von Versöhnlichkeit im Schall.

8. November:

In der Champions League, da sind sie top,
In der Bundesliga im Moment der absolute Flop.
Während bei den Bayern alles läuft wie immer,
Gibt's in Dortmund Abstiegsangst-Gewimmer.

Auf 18 findet heut' sich Jürgen Klopp.
Wird er denn die Champions League gewinnen
Und zugleich in die Zweite Liga uns entrinnen?

9. November:

Wo einst die Mauer stand,
War heut' ein Lichtermeer,
Das am End' den Weg nach oben fand.
Millionen kamen in die Hauptstadt her;
Die alte Stimmung wurde fast erneut erreicht;
Die Erinnerung hat so manches Herz erweicht.

10. November:

Die gute Nachricht:
Alexander Gerst ist aus dem All zurück.
Ein Bild aus Kasachstan: er strahlt vor Glück.
Die böse Nachricht:
Ein Selbstmordattentäter 48 Kindern heut' das Leben nahm;
In Nigeria, wohl gelenkt vom Terrortrupp' des Boko Haram.

11. November:

Der EuGH gab Deutschland heute Recht:
Es kann Hartz 4 verweigern jedem aus der EU,
Der nur zu diesem Zwecke zieht hier zu
Und eigne Arbeit gar nicht leisten möcht'.

12. November:

Ganz problemlos ist Philae auf Tschuri scheinbar nicht gelandet-
Aber sie ist da!
Und das ist einmalig und einfach wunderbar!
Ein tausendfach Hurra!
Auf dem Kometen federleicht, ist sie nicht so recht verbandet,
Doch sie sendet Fotos und auch Daten
Und hilft, dass wir über unsere Vergangenheit nicht mehr lang
                               durchs Dunkel waten.
Sandten Kometen uns fürs Leben einst wichtige Zutaten?

Wie viel Antwort ist in das staubig alte Eisstück wohl
gewandet?

13. November:

Manche Themen treffen noch auf echte Demokraten:
Die Sterbehilfe wurde heut' im Bundestag beraten.
Fraktionszwang ist für diese Problematik aufgehoben.
Respekt vor des Andern Meinung wurde aufgeboten.
Ob am Ende Palliation oder aktive Sterbehilfe steh'n,
Wird man behutsam wohl besprechen und am Ende seh'n.

14. November:

Mit Philaes Energie ist erstmal Schluss.
Eine Konsequenz, die man missglückter Landung schulden
muss:
In dunklen Fels geklemmt steht ein Beinchen hoch,
So erhellt's kein Sonnenlicht und doch
War's zum Experimentieren tapfer noch bereit,
Was die Wissenschaft beschäftigt wohl noch lange Zeit.

15. November:

Arbeit, Wirtschaft, Konjunktur in dieser Welt
Hatte sich G 20 zum Thema eigentlich gestellt.
Stattdessen beherrschte Ukraine nun das Thema,
Was nicht so recht wohl passte in des Putins Schema.
Der arme Mann saß reichlich isoliert,
Als man in Brisbane das Essen hat serviert.
Doch am Abend hat Merkel lang mit ihm dann noch gesprochen,
Doch hat auch das das Eis nicht grad' gebrochen.
Früher abgereist am Ende Wladimir;
Die Arbeit wartet, er sei ja nicht zum Spaße hier.

16. November:

Im Interview mit Hubert Seipel
Wirkt Putin recht nervös und nicht ganz sicher.
Ist er in heimischen Medien doch meist eitel,

Hat man ihn in Brisbane ausgegrenzt - macht ihn das
                                                    gefährlicher?

17. November:

Straffreiheit für korrupte Volksvertreter
War für Ponta das wohl schlechteste Manöver vor der Wahl.
Zu Rumäniens Präsidentschaft nennt ein Andrer sich seit heut'
                                                    Gewählter:
Die Rumänen reagierten schnell und radikal.
Iohannis heißt, deutschstämmig ist der neue Präsident,
Der sich schon früher gegen nimmersatte Geldgier hatt'
                                                    gewendt'.

18. November:

Extremistische Siedler zündeten Moscheen an,
Palästinenser schossen auf radikale Kolonisten dann,
Heftige Kämpfe auf dem Tempelberg;
Religionen im gegenseitigen Vernichtungswerk.
Vier Verblendete stürmten eine Synagoge heut';
Viele Tote, Hass erfolgreich wieder ausgestreut
An Religioten hier wie dort,
Damit niemals ende "gottbegründet'" Massenmord!

19. November:

Eine Stimme Mehrheit nur,
Doch steht in Erfurt der Vertrag,
Der Rot-Rot-Grün bringt auf die Regierungsspur,
Auch wenn Gauck das gar nicht mag.
Mit Ramelow könnt' erstmals ein Linker an der Spitze steh'n,
Sollten alle im Dezember ihren Daumen für den Mann nach
                                                    oben dreh'n.

20. November:

Bis jetzt gab es am BVG wenig nur zu kritisieren;
Doch heut' stellte es zweifelhaftes Kirchenrecht
Über zweifelsfreies Menschenrecht.
Und das ist ganz besonders schlecht!

Wer ehelicht ein zweites Mal, so tat es judizieren,
Darf vom Kirchenträger wohl entlassen werden,
Selbst wenn dem Staat gehört die Mehrheit an den Werten.
Hier schien die Pfaffenwelt das Urteil übelst zu diktieren!
Das Kirchensonderrecht gehört dagegen abgeschafft!
Doch gibt's wohl niemanden mit so viel Einflusskraft.
Wann kann Vernunft endlich einmal triumphieren?

21. November:

Im Alleingang hat Obama ein Gesetz gemacht,
Über das bei den Republikanern ganz bestimmt wohl keiner
lacht:
Etwa 5 Millionen Latinos dürfen bleiben.
In Air Force One tat er das Dekret nun unterschreiben,
An dem die Gegner sich fortan wohl furchtbar reiben.

22. November:

Fast 40 Jahre ist die Lüge her;
Eddie litt immer darunter, und heut' sogar noch mehr.
Drei Schwarze er damit in den Tod fast hat geschickt;
Polizisten zur Lüge ihn drängten, dann das Todes-Verdict.
12 ist er damals gewesen.
Gemeinsames Leid war'n die Spesen.
Das Gewissen drängte, den Fall endlich aufzuklären;
Er gestand die fabulierten Mären.
Rick Jackson ist seit heut' endlich frei;
Er ist glücklich und empfindet keinen Groll dabei.

23. November:

Vor Tagen noch geriet der Gabriel in den Verdacht,
Dass er für die Kohlewerke stark sich macht.
Das hat sich heute arg gewendet,
Denn jetzt will er, dass für manches Kraftwerk bald die Laufzeit
endet.
Macht man nämlich einfach weiter wie bisher,
Schafft man das zwanzigzwanzig Ziel des Klimaschutz' nicht
mehr.

24. November:

Mit dem kleineren der größten Übel
Sucht der Westen nun den Dialog:
Der Iran wäre gegen den IS wohl kompatibel,
Doch als Atommacht er die Sicherheit noch immer selbst
                                                    bedroht.
In Wien sind UN-Gespräche heut' gescheitert;
Drum hat die Deadline man auf Mitte nächstes Jahr erweitert.

25. November:

Dass ein Polizist mit 6 Schüssen
Auf ein unbewaffnetes Kind
Nicht in Notwehr hat handeln müssen,
Doch eigentlich überzeugend klingt.
Doch in Ferguson die Grand Jury das anders sah.
Gewaltsamer Protest war spontan dann gleich da.
Auch in anderen Städten Proteste
Gegen Rassismus und für mehr Gerechtigkeit.
Gleiche Behandlung ist das Mindeste,
Was man braucht, zu verhindern Gewalt.
Ein Rechtsstaat kann nicht funktionieren,
Solang' Polizei kann straflos füsilieren.

26. November:

Wie sich die Dinge ähneln in der Welt!
Kurz nach Ferguson wurd' auch in Stuttgart ein Verfahren
                                                    eingestellt:
Zu geringe Schuld sei denen nachzuweisen,
Welche mit Wasserwerfern in Demonstranten schnitten
                                                    Schneisen.
Am *Schwarzen Donnerstag* einst Hunderte verletzt,
Davon einer nahezu heut' blind.
Das hat viele zum Protest in Marsch gesetzt,
Die mit diesem Urteil gar nicht einverstanden sind.

27. November:

Der Soli -
Eine Steuer einmal eingeführt -
Der Bürger sie darauf nie mehr verliert.
Populus: noli!
Mit neuem Namen ausstaffiert,
Wird sie in die ESt. wohl integriert.
Paroli!

28. November:

Heut' ist der Geburtstag einer jungen, couragierten Frau.
Und sie starb mit 23 Jahren, ganz genau.
In Offenbach wollte einen Streit sie schlichten.
Tugce Albayrak zahlte das mit ihrem Leben.
Immer öfter ist von solchen Taten zu berichten.
Posthum will man auch ihr vielleicht das Verdienstkreuz geben.
Ihre Organe tat sie spenden
Und damit auch noch nach dem Tode einiges zum Guten
                wenden.

29. November:

Gegen Hosni Mubarak gibt es keinen weiteren Prozess.
Am Tod der 800 Demonstranten treffe ihn wohl keine echte
                Schuld.
Auf seiner Bahre schien er befreit nun von des Todes Stress;
Dem Volk dagegen rissen Fäden der Geduld.

30. November:

Die Schweizer waren heut' erneut zur Abstimmung gerufen,
Einwanderung weiter einzuschränken, jetzt in zweiter Stufen.
Isolierung von Europa hätte das mit Sicherheit bedeutet;
Drum hat's Wahlvolk nun dagegen aufgemeutet.
Auch den reichen Immigranten soll's nicht schlechter gehen;
Ihre Privilegien bleiben weiter noch bestehen.

Dezember

1. Dezember:

E-on hat sich aufgespalten.
In die Teile Grün und Schwarz.
Mit dem guten Teil will man die Umwelt wohl erhalten.
Und die Entsorgungskosten - spart's?
Mit Nuklear und Fossil dann einfach in die Pleite geh'n -
Wenn's der Steuerzahler zahlt, dann klingt das sehr bequem.

2. Dezember:

Ein neuer Schritt in Richtung Kalter Krieg:
Der NATO Schnelle Eingreiftruppe.
Dieses man in Brüssel heut' entschied,
Um schnell zu schützen die baltisch' Ländergruppe,
Falls Putin mit Annexionsgedanken äugelt lieb.

3. Dezember:

Wie nah wir der Gefahr doch sind -
Und die meisten Länder: ach wie blind!
Ein AKW-Unfall in der Ukraine wurd' irrtümlich gemeldet.
Erinnerung an Tschernobyl erwachte ganz spontan;
"Doch nur ein Störfall!", bracht' die eilig' Gegenmeldung dann.
Die vorschnelle Presse wurd' gescheltet,
Doch wundert's nicht, schaut man die maroden Werke an.

4. Dezember:

Torlinientechnik soll nun doch mehr Sicherheiten bringen;
Heute gelang es in der Ersten Liga, sich zu 'ner klaren Mehrheit
                                                durchzuringen.
Mit 14 Kameras will "Hawk" den Lauf des Balles künftig
                                                überwachen.
Im Durchschnitt müssen die Vereine 574 Eintrittsgelder dafür
                                                locker machen.

5. Dezember:

Im zweiten Anlauf ist es dann gelungen:
Bodo Ramelow ist Ministerpräsident.
Nur kurz war ein Thüringer vom Kurse abgesprungen;
Wohl um zu mahnen, dass man sorgfältig bedenkt.
Als Linker mehr denn Christ ohne "Gott" ins Amt geschworen,
Ergänzte das ein CDU-Mann von hinten noch recht unverfroren.

6. Dezember:

Im Jemen ist Luke Somers Befreiung nun misslungen.
Der Fotograf und ein Lehrer sind jetzt leider tot.
Nicht unbemerkt sind die Navy Seals bei Al Qaida
                                                          eingedrungen.
Dagegen geglückte Flucht im frühen philippinisch' Morgenrot:
Auf Jolo hatte Vinciguerra mit seinem Bewacher erst gerungen,
Dann entkam der Schweizer mit sehr knapper Not.

7. Dezember:

Hirnlos kam die CSU des Öfteren schon daher;
Jetzt gibt's aus dieser Richtung noch einen Vorschlag mehr:
Ausländer sollen in den Familien nur Deutsch noch reden,
Und damit ihre Kinder zu schnellerer Integration bewegen.
Doch hilft's, wenn sie die Fehler ihrer Eltern übernehmen,
Statt sie früher schon in Kontakt mit deutschen Kindern
                                                          hinzugeben?
Vielleicht sollten Bayern auch einmal mit ihren Traditionen
                                                          brechen
Und zuhaus mit ihren eignen Kindern Hochdeutsch sprechen?

8. Dezember:

Selten genug erhält auch ein Arbeitnehmer mal mehr Lohn.
Doch manchmal hat er wegen Steuern weniger als vorher dann
                                                          davon.
Sowas nennt man *Kalte Progression*.
Diese stufenweise möglichst langsam abzumildern,
Dazu sprach heut' die Kanzlerin in bunten Bildern.
Doch müsse dazu der Haushalt erstmal ausgeglichen sein.

Das heißt am Ende dann doch wohl eher wieder: Nein!

9. Dezember:

Ein Protokoll des Grauens ist veröffentlicht:
Vom US-Senat der CIA-Folterbericht.
Unter Bush war Menschenrecht
Außer Kraft gesetzt.
Es wäre nur gerecht,
Wenn man diese Schande für das Menschgeschlecht
Vor das Tribunal Den Haags bald brächt'.
Demokratie ist schwer verletzt.

10. Dezember:

Die Empörung über Folter ebbt nicht ab.
Auch in Polen hat die CIA "verhört".
15 Millionen zahlte an das Land der Foltererstab,
Damit bei der "Befragung" keiner stört.
Noch andre östlich' Länder sind betroffen.
Litauen, Rumänien, ob weitere, bleibt vorerst offen.

11. Dezember:

Das Innenministertreffen hat eine lange Tradition;
Jetzt trifft man sich wieder im rheinischen Colon.
Zwei schwierige Themen stehen dabei im Vordergrund:
Salafisten und PEgIdA treiben's in der Republik zu bunt.
Die Einen rekrutieren für den Islamistisch' Staat;
Bei den Anderen geht auf die ausgebrachte Nazi-Saat.
Da noch vernünft'ge Wege auszuloten,
Ist der Job für des demokratisch' Volkes Boten.

12. Dezember:

Hakenkreuz und fremdenfeindlich' Schmierereien;
Drei Häuser brannten,
Umgebaut für Asylanten.
Es geschah in Vorra, 's ist in Franken.
Kann man sich von Nazis wirklich nie befreien?

13. Dezember:

Sicher ist Wichtigeres auf der Welt geschehen,
Doch konnte Wetten dass...?
Man heut' zum letzten Male sehen.
Nach 33 Jahren Wetten, Unterhaltung und Familienspaß
Ist Schluss - das war's!
Samuel Koch war der letzten Sendung letzter Gast;
Er trägt für immer des Formates schwerste Last.

14. Dezember:

Positiv:
Tausende waren gegen Fremdenhass
In Köln heut' auf der Straß'.
Die globale Konferenz zum Klima:
Zum Abschluss gab es ein Papier in Lima.
Negativ:
Türkei hat Demokratie ein weit'res Stückchen aufgegeben.
Erdogan schlägt hart gegen jene, die nach Freiheit streben.
Razzien, Haft und lang's Verhören
Gegen alle, die seine schöne Herrschaft stören.

15. Dezember:

Ein Islamist
Hält Sydney heut' in Atem.
In ein Café er eingedrungen ist
Und hält Geiseln fest im Laden.
Ob in Gemeinschaft oder ganz allein
Wird noch zu klären sein.

16. Dezember:

Bist du Mensch oder bist du Islamist?
Letzt're tun alles, damit beides streng zu unterscheiden ist.
In Pakistan
Die Taliban
Eine Schule überfielen.
Tod von mehr als 130 Schülern.

17. Dezember:

Nicht immer kann man sich nur Feinde schaffen.
Obama ist bemüht, zur Versöhnung aufzuraffen
Die Beziehungen zu Castros Inselreich.
Neue Botschaft, die Sanktionen macht er weich.
Das ruft die Falken auf den Plan.
Beim Worte *Kuba* packt noch immer sie der blanke Wahn.

18. Dezember:

Ziemlich selbstgerecht trat Edathy heute auf.
Wie bei jedem andern dann
Ginge auch seine Orientierung niemand etwas an.
Doch mich dünkt, da irrt der Mann.
Lässt jemand seiner Pädophilie den freien Lauf,
Hat man zum Kinderschutz ein Auge drauf.
Es ist was anderes, wenn zwei aus freien Stücken,
Gleich welcher Art, sehr eng zusammenrücken.

19. Dezember:

Was steckt wirklich hinter "The Interview?"
Glaubte man wirklich Kim Jong Un schaut dabei nur zu?
Der Satire-Film ist von Sony abgesagt,
Weil von Nord Korea angehackt.
Wollte man dessen Geheimdienst testen?
Will man billig werben hier im Westen?
Auf jeden Fall Beziehungen verpesten.

20. Dezember:

Die IS ist durch die Kurden unter Druck.
Diese eroberten Gebiete letzt zurück.
Die Moral ist bei den Gotteskriegern scheinbar auch dahin;
Hunderte aus eigner Reih' richteten sie wohl hin,
Welche hatten Rückkehr in ihre Heimatländer schon im Sinn.

21. Dezember:

Merci
Chery,
Siebzehn Jahr
Blondes Haar
Ich war noch niemals in New York
Verbinden wir mit dem Mann mit dem Fagott.
Plexiglasflügel, weißer Bademantel
"Mitten im Leben" frisch im Handel.
Und immer, immer wieder geht die Sonne auf.
Hits in unendlich weitem Lauf.
Aber bitte mit Sahne.
Für Udo Jürgens weht die Trauerfahne.

22. Dezember:

Schon wieder ist ein Star verstorben:
Joe Cocker erlag dem Lungenkrebs.
In Woodstock erst wurd' für viele er geboren,
Sorgte danach für weltberühmte Stücke stets.
Stimme und Bewegung voller Leidenschaft
Bis zuletzt; heut' verließ ihn diese Kraft.

23. Dezember:

Die Ukraine mal wieder in den Focus rückt.
Ein Waffenstillstand seit 3 Tagen scheint geglückt.
Endlich herrscht im Osten Ruh'.
In Minsk kommen Gespräche über Frieden bald dazu.
Doch beschloss das Parlament,
Neutralität jetzt aufzuheben,
Weil es in das westlich' Bündnis drängt.
Aber NATO will das nicht beleben,
Weil Russland jetzt schon Böses dabei denkt.

24. Dezember:

Erneut ein Schwarzer in Missouri den Tod nur findet;
Ob polizeilich' Notwehr, Zweifel daran sind nicht unbegründet.
Gauck und Merkel warnen vor Pegida;

Rassenhass kehrt immer wieder.
Auch dieses Jahr ließ uns dieses Thema noch nicht los.
Es wird nicht anders, solang' es immer geht um eigene Profite
                                                                      bloß.

25. Dezember:

Ein Kampfjet stürzte ab über dem IS-Gebiet.
Der jordanische Pilot gefangen.
Der IS zur Zeit eher nun zurück sich zieht;
Der Allianz Erfolge jüngst gelangen.

26. Dezember:

Zehn Jahre ist die Tsunami-Katastrophe heute her;
An Überschwemmung leiden heute die einst betroffenen
                                                                      Gebiete.
Nach dem Beben bringt das Klima Unglück immer mehr
Und vernichtet erste zarte Wirtschaftsblüte.

27. Dezember:

Auch in der Ukraine bleibt es für Zivilisten weiter schlimm.
Heute ein Austausch von Gefangenen - immerhin.
Doch von einer Pufferzone will man auf beiden Seiten wenig
                                                                     wissen;
Lieber weiter kämpfen und möglichst weit die eigne Flaggen
                                                                     hissen.
So bleibt das Minsker Treffen inhaltsleer
Und es gibt Tote, täglich mehr.

28. Dezember:

Ein schwarzer Tag für Reisende vieler Länder.
In der Adria geriet eine Fähre nachts in Brand.
Die Rettung äußerst schwierig wegen schwankend' Wasserstand.
Wieder bei Malaysia rissen für ein Flugzeug Funkkontakt und
                                                                     Radarbänder;
Ein Airbus ist dort vom Schirm verschwunden;
An Katastrophe denkt man unumwunden.
Das dritte Mal dies Jahr im Malayenland.

29. Dezember:

Von der Norman Atlantic sind die meisten jetzt gerettet;
Von 8 Toten weiß man, von weit'ren wird geredet.
Air Asia bleibt immer noch verschollen;
Fieberhaft wohl sucht man mit Flugzeug, Schiff und Jollen.

30. Dezember:

Die Air Asia Maschine ist gefunden;
Bei Borneo ins Meer gestürzt.
Sein Mitleid tat Indonesiens Staatschef drauf bekunden.
Bess're Sicht und geringe Tiefe hat die Suche wirkungsvoll
                                                            verkürzt.
Ein Reisebus ist auf der A4 mit einem Auto kollidiert;
Vier ältre Menschen starben.
Man hofft, die Anzahl bleibe limitiert,
In zu vielen Familien gibt es Narben.

31. Dezember:

Die Krisenherde dieser Welt
Hat Merkel in ihrem Grußwort in den Mittelpunkt gestellt.
Ein ungewöhnlich deutlich' Wort
Geht gegen Pegida im Report.
An Putin dann gerichtet,
Bedauert sie, dass er Vertrauen hat vernichtet.
Für das neue Jahr sie glücklich sei,
Dass unser Land bleibe dann wohl neuverschuldungsfrei.

Weitere Bücher von Andreas Härdter

Spaziergang nach Rom

Die meisten Dinge sind an sich schon komisch; die anderen werden es, wenn man sie in einem neuen, manchmal auch absurden Zusammenhang betrachtet.

Unter diesem Leitspruch machte sich der Satiriker und leidenschaftliche Fußgänger Andreas Härdter zusammen mit seinem Cousin Michael einst von Braunschweig aus auf, um 10 Jahre oder 80 Wandertage später den antiken Nabel der Welt für sich zu erobern.
    Es ist ein humorvolles, ein satirisches, ein witziges Buch, das vor allem die zahlreichen Erlebnisse und Kuriositäten am Rand des Weges beleuchtet und dabei gelegentlich auch einmal stark übertreibt. Ein gehöriger Schuss Selbstironie darf natürlich nicht fehlen, und so bleiben auch die kleinen und großen Schwächen, Fehler und Ängste der Akteure nicht verschont. Aber aus allen Gefahren kamen sie immer heil heraus und hatten abends meist das Glück, auf das Happy-End der Tagestour mit einem Hefeweizen anstoßen zu können.

ISBN: 978-3-943070-02-6
Als eBook: ISBN 978-3-943070-03-3

Die Hanse-Runde - geradelt

Im Uhrzeigersinn um die Ostsee
Von Travemünde nach Travemünde

Die meisten Dinge sind an sich schon komisch; die anderen werden es, wenn man sie in einem neuen, manchmal auch absurden Zusammenhang betrachtet.

Unter diesem Leitspruch machte sich der Satiriker, leidenschaftliche Wanderer und Radfahrer Andreas Härdter erneut auf, um dieses Mal die gesamte Ostsee aus eigener Kraft, teils zu Fuß, aber größtenteils mit dem Fahrrad, zu umrunden. Von Travemünde nach Kopenhagen wählte er, wie zuvor schon auf seinem Spaziergang nach Rom, den Fernwanderweg E6, bereiste dann aber die Küstenländer Schweden, Finnland, Russland, Baltikum und Polen mit dem Fahrrad.

Das wahrscheinlich witzigste Reisebuch der Welt hat damit ernsthafte Konkurrenz, und das auch noch aus dem eigenen Stall, bekommen. Wieder ist dem Autor ein humorvolles, ein satirisches, ein witziges Buch gelungen.

ISBN: 978-3-943070-08-8
Als eBook: 978-3-943070-09-5

Der Zeitenzeuge

Ein religionskritischer, historischer Roman

Semenchkare war Pharao in Ägypten, der Nachfolger Echnatons. Dem weltlichen Machtkampf der Götter Amun gegen Aton wurde er geopfert und vom Thron gestürzt, wodurch Amun obsiegte. Sein Name wurde getilgt, von der Geschichte wurde er vergessen. Sein Grab hat man nie gefunden. - Weil er bis heute überlebt hat! Erst in unserer Zeit erfuhr Semenchkare, dass er seine extreme Langlebigkeit einer durch seine Familie vererbten Anomalie der Gene verdankt.

Über die Jahrtausende war es für ihn überlebensnotwendig gewesen, seine Identität immer wieder zu wechseln. Unser Informationszeitalter hat diese Strategie schließlich scheitern lassen. Der Ex-Pharao ist gezwungen, sich zu offenbaren. Er will diesen Schritt aber noch nicht unternehmen, ohne zuvor eindeutige Belege für seine wahre Identität vorlegen zu können. Eine Reise mit ehrenhaften Zeugen an einen geschichtsträchtigen Ort liefert die unumstößlichen Beweise. Sie verschaffen ihm die Glaubwürdigkeit, die Geschichte in wichtigen Punkten zu korrigieren, denn er war leibhaftiger Zeitenzeuge in den Epochen, in denen sich die großen Religionen der Welt ausbildeten. Und er war nicht unbeteiligt daran gewesen.

Kein Gott hatte sich jemals wirklich offenbart! Aufklärung und Wissenschaft veränderten auch sein Weltbild. Seither ist er auf der Suche nach der absoluten Wahrheit und hofft, die Erkenntnis der Weltformel noch miterleben zu dürfen. Berührungspunkte mit dem absolut Wahren hat er bereits gefunden!

© 2011 by Freigeistiger Verlag Andreas Härdter, Vechelde
Druckausgabe: ISBN 978-3-943070-00-2
eBook Ausgabe: ISBN 978-3-943070-01-9 (epub-Format)

Jetzt neu!

Die Zeitungen

auch in altdeutscher Schrift (Sütterlin; Deutsche Kurrentschrift)

720 Seiten in dieser Schriftgröße

ISBN: 978-3-943070-12-5

Andreas Härdter

JAHRESGEDICHTE

JAHRESGEDICHT 2002

Jahresgedicht 2002

365 Kurzgedichte zur aktuellen Weltgeschichte

Die Top-Nachricht eines jeden Tages im Jahr 2002 wird darin in gereimter Form wiedergegeben. Das Jahresgedicht ruft so auf angenehme Weise und knapp gehalten, mal ernst, mal heiter, die Erinnerung an dieses ereignisreiche Jahr zurück.

Der Leser wird erstaunt sein, wie oft er sich während der unterhaltsamen Lektüre an die Stirn fasst und sagt: „Ach ja, das hatte ich ja schon ganz vergessen!"

Machen Sie aktiv mit bei einer neuen Ausgabe der Jahresgedichte! Setzen auch Sie Ihre Top-Nachricht in Reimform und senden Sie diese als E-Mail an den Verlag: www.freigeistiger-verlag.com

Vielleicht erscheint dann auch Ihr Kurzgedicht im neuen Band bald als eBook oder gar als Buch!

Freigeistiger Verlag Andreas Härdter, Vechelde
Buchausgabe: ISBN 978-3-943070-04-0
eBook Ausgabe: ISBN 978-3943070-05-7 (epub-Format)

Jahresgedicht 2012

366 Kurzgedichte zur aktuellen Weltgeschichte

Buchausgabe: ISBN 978-3-943070-06-4
eBook Ausgabe: ISBN 978-3-943070-07-1

Jahresgedicht 2013

365 Kurzgedichte zur aktuellen Weltgeschichte

Buchausgabe: ISBN 978-3-943070-10-1
eBook Ausgabe: ISBN 978-3-943070-11-8

Jahresgedicht 2015

in Vorbereitung

Andreas Härdter

Die Wanderung von Braunschweig nach Rom

Alle reich bebilderten und sehr ausführlichen Beschreibungen der Tagestouren nach Rom.

Teil 1: Von Braunschweig nach Salzburg – 36 Tagestouren (pdf-Format)

Teil 2: Über die Alpen nach Venedig – 20 Tagestouren (pdf-Format)

Teil 3: Von Venedig nach Rom – 24 Tagestouren (pdf-Format)

Mit Link auf Google maps, wo jede Tagestour genauestens in Kartenform verzeichnet ist.

Die Wanderung auf dem E 6 von Braunschweig nach Kopenhagen

Alle reich bebilderten und sehr ausführlichen Tourenbeschreibungen der langen Wanderung an die Ostsee und nach Kopenhagen.- 29 Tagestouren (pdf)

Mit Link auf Google maps, wo jede Tagestour genauestens in Kartenform verzeichnet ist.

Die Wanderungen auf dem E 11 zwischen Wiehengebirge und Halle (Saale)

Alle reich bebilderten und sehr ausführlichen Tourenbeschreibungen der Wanderung von Goslar nach Neue Mühle bei Lübbecke (Wiehengebirge) und von Goslar am Harzrand entlang bis nach Halle an der Saale - 21 Tagestouren inklusive Brockenexkursion (pdf)

Mit Link auf Google maps, wo jede Tagestour genauestens in Kartenform verzeichnet ist. (in Vorbereitung)

Im Uhrzeigersinn um die Ostsee

Alle reich bebilderten und sehr ausführlichen Tourenbeschreibungen der langen Fahrrad-Wanderung um die gesamte Ostsee herum.

Teil 1: Von Kopenhagen entlang der Ostseeküste nach Stockholm – 8 Tagestouren (pdf)

Teil 2: Um den Bottnischen Meerbusen – von Stockholm nach Turku – 20 Tagestouren (pdf)

Teil 3: von Turku über Helsinki und Sankt Petersburg nach Tallinn – 9 Tagestouren (pdf)

Teil 4: von Tallinn über Kaliningrad nach Danzig – 13 Tagestouren (pdf)

Teil 5: von Danzig nach Travemünde - 7 Tagestouren (pdf)

Mit Link auf Google maps, wo jede Tagestour genauestens in Kartenform verzeichnet ist.

www.ingramcontent.com/pod-product-compliance
Lightning Source LLC
Chambersburg PA
CBHW031407040426
42444CB00005B/457